WILLY PAUL

Português prático

Exercícios práticos de língua portuguesa

Morfologia – Sintaxe – Vocabulário – Ortografia –
Estilística – Fraseologia e idiotismos –
Brasileirismos

MAX HUEBER VERLAG

2., bearbeitete und erweiterte Auflage

| 3. 2. 1. | Die letzten Ziffern |
| 1983 82 81 80 | bezeichnen Zahl und Jahr des Druckes. |

Alle Drucke dieser Auflage können nebeneinander benutzt werden.
© 1971 Max Hueber Verlag München
Gesamtherstellung: Pustet, Regensburg · Printed in Germany
ISBN 3–19–00.5072–4

Ao SANDOR e à EVA

Prefácio

Português Prático baseia-se no método seguido pelas obras análogas para as línguas espanhola, francesa e italiana, publicadas pela mesma editora, e que tão bom acolhimento tiveram.
O presente livro destina-se principalmente aos estudantes de Português que já têm algumas noções da língua e que desejam aperfeiçoar os seus conhecimentos mediante um grande número de exercícios práticos que, salvo um número limitado de frases mais literárias, reflectem fielmente a hodierna linguagem falada e escrita.
Além dos exercícios gramaticais, classificados sistematicamente, *Português Prático* contém também exercícios sobre vocabulário, formação de palavras, expressões idiomáticas, linguagem popular e brasileirismos.
No primeiro capítulo, dedicado à morfologia e à sintaxe do verbo, o pronome da pessoa gramatical foi posto entre chavetas, p.ex. [ele], para evitar ambiguidades para o aluno. Como é sabido, estes pronomes pessoais nem sempre são necessários, por isso o uso deles não é obrigatório, excepto nos casos em que motivos de estilo, clareza ou ênfase exigem o seu emprego.
O capítulo sobre o português do Brasil trata quase exclusivamente da língua falada dos Brasileiros, já que é na expressão oral que se encontram as principais diferenças gramaticais. Os exercícios de vocabulário brasileiro servem unicamente para mostrar a preferência dos Brasileiros por determinadas palavras e expressões e não querem sugerir que todas as variantes lusitanas sejam desconhecidas no português do Brasil.
Não quero deixar de exprimir a minha gratidão à Comissão Técnica da Sociedade de Língua Portuguesa em Lisboa, e ao Senhor Dr. Francisco José Velozo, que examinaram quase todo o manuscrito da edição anterior, e cujas valiosíssimas observações e emendas contribuíram consideravelmente para o aperfeiçoamento de *Português Prático*.
Os meus agradecimentos vão também à Senhora D. Henny Schendel da Embaixada do Brasil na Haia pela valiosa ajuda que me prestou, tanto na edição anterior como na actual, no melhoramento do capítulo que trata do português do Brasil.
Agradeço, finalmente, ao Senhor Dr. José Neves Henriques, da Sociedade de Língua Portuguesa em Lisboa, e ao Senhor Helmut Ascherfeld (BDÜ), a colaboração que me prestaram na preparação da presente edição, corrigida, acrescentada e actualizada.

Abbekerk (Holanda), Julho de 1979   *Willy Paulik*

Indice

	Prefácio	5
I.	O verbo	7
II.	O substantivo e o artigo	58
III.	O adjectivo	66
IV.	O advérbio	73
V.	O comparativo e o superlativo	78
VI.	Os pronomes pessoais	84
VII.	Os pronomes demonstrativos	90
VIII.	Os pronomes possessivos	92
IX.	Os pronomes relativos, interrogativos e exclamativos	94
X.	Os pronomes e adjectivos indefinidos	98
XI.	Os numerais	101
XII.	As preposições	105
XIII.	As conjunções	125
XIV.	A negação	127
XV.	As interjeições, partículas de realce e palavras expletivas	128
XVI.	Lexicografia e formação de palavras	130
XVII.	Idiotismos e locuções correntes, linguagem popular e calão	149
XVIII.	O Português do Brasil	155

I. O verbo

1. O presente do indicativo dos verbos auxiliares

Substituir o infinitivo pelas formas convenientes:

1. [Nós] não (ter) nada a perder.
2. Não (haver) fumo sem fogo.
3. Onde (estar) o jornal de hoje?
4. Lisboa (ser) a capital de Portugal.
5. [Eu] (estar) com pressa e não (ter) tempo de esperar.
6. O a (ser) a primeira letra do alfabeto.
7. Onde (estar) os teus pais?
8. Quantos habitantes (ter) Portugal?
9. A vida (estar) cada vez mais cara.
10. Que idade (ter) tu?
11. O avião e o camião (ser) meios de transporte.
12. [Nós] (estar) muito cansados.
13. [Eu] (ter) uma casa fora da cidade.
14. [Nós] não (ser) pessoas para abandonar um amigo.
15. O melhor que (haver) a fazer é desistir.

2. O presente do indicativo dos verbos regulares e auxiliares

Substituir o infinitivo pelas formas convenientes:

1. Até agora os resultados (ter) sido excelentes.
2. Quem (ser) o senhor que (estar) consigo?
3. [Nós] não (ter) dinheiro suficiente para comprar tais coisas.
4. Quanto a mim não (haver) problema.
5. Como se (chamar) este menino?
6. Hoje [nós] (comer) muito tarde.
7. Os Alemães (beber) mais cerveja do que vinho.
8. A senhora (falar) português?
9. Onde (trabalhar) vocês?
10. [Nós] (trabalhar) numa fábrica.

11. Hoje (faltar) três alunos.
12. O senhor (dever) estar com fome.
13. [Eu] (compreender) porque você (estar) tão atrasado.
14. Este professor (ensinar) alemão a estrangeiros.
15. Que horas (ser)?
16. Que (haver) de mal no meu procedimento?
17. Os resultados (falar) por si.
18. A fuga não (resolver) nada.
19. A medida não (produzir) efeito.
20. O tempo (urgir).

3. O presente do indicativo dos verbos regulares

Substituir o infinitivo pelas formas convenientes:

1. [Tu] (comer) pouco.
2. O Sol (iluminar) a Terra.
3. A lavadeira (lavar) a roupa suja.
4. [Nós] (escrever) uma carta ao nosso amigo.
5. Portugal (exportar) vários produtos agrícolas.
6. Muitas pessoas (assistir) ao casamento.
7. Todos nós (aspirar) a uma vida feliz.
8. [Nós] não (julgar) impossível a vitória.
9. [Eu] (gostar) de frutas.
10. Ela não (precisar) de mim.
11. Os soldados (resistir) ao ataque.
12. [Nós] (dever) unir o útil ao agradável.
13. Não me (importar) o que os outros (pensar).
14. Vocês (beber) de mais.
15. Cá em casa (suceder) semelhantes coisas.

4. A conjugação dos verbos regulares e auxiliares

Conjugar as frases seguintes em todas as pessoas do presente do indicativo, antepondo-lhes os pronomes pessoais:

1. (Comer) cedo.
2. (Falar) depressa.
3. (Ter) medo.
4. (Abrir) a porta.
5. (Estar) cansado.
6. (Traduzir) uma carta.
7. (Ser) feliz.
8. (Haver) de partir hoje.

5. O presente do indicativo dos verbos regulares e auxiliares

Pôr as frases seguintes na forma correspondente do plural: (Exemplo: A mulher está cansada. – As mulheres estão cansadas.)

1. Tenho muito trabalho.
2. Sou de Lisboa.
3. Este homem tem muito dinheiro.
4. Esta casa é bastante alta.
5. Estou no Rio de Janeiro.
6. Está em casa?
7. O empregado trabalha pouco.
8. A criança come mal.
9. Não compreendo esta atitude.
10. O passageiro desce do táxi.
11. Já não insisto neste projecto.
12. Esta estrada conduz ao centro da vila.
13. O estudante aperfeiçoa-se em matemática.
14. Espero receber uma resposta satisfatória.

6. O presente do indicativo dos verbos regulares e auxiliares

Substituir os verbos entre parênteses pelas formas convenientes:

1. O professor (explicar) as dificuldades da gramática portuguesa.
2. Você não (ter) vergonha do que (estar) a dizer?
3. [Eu](estar) com dor de cabeça.
4. [Eu] (encostar)-me para trás na cadeira e (fechar) os olhos.
5. Agora [nós] não (ter) tempo a perder.
6. [Tu] (julgar) que [eu] (ser) parvo?
7. (Ter)-se processado várias tentativas neste sentido.
8. Eu de política não (perceber) nada nem (querer) perceber.
9. Essas coisas não me (interessar) nem me (afectar).
10. [Eu] (ter) estado a pensar muito em nós dois.
11. Boa vontade não me (faltar). Isso é que eu lhe (garantir)!
12. [Eu] (jurar) que (estar) a dizer a verdade.
13. [Tu] não (ter) nada a ver com isso.
14. (Haver) certas coisas que nos (emocionar) de forma inesperada.
15. [Eu] (ter) a impressão de que ela não (ser) muito boa da cabeça.
16. Este investimento (criar) novos postos de trabalho.

7. O particípio passado regular

Indicar o particípio passado dos verbos seguintes:

estar	obter	extrair
ser	ferir	ter
beber	haver	prover
falar	alcançar	ir
cair	trazer	suster
possuir	produzir	crer
dar	saber	rir
caber	poder	ler
trair	partir	desprover

8. O particípio passado irregular

Formar o particípio passado dos verbos seguintes:

cobrir	escrever	contradizer
propor	descobrir	recobrir
dizer	abrir	inscrever
refazer	convir	dispor
satisfazer	compor	predizer
ver	fazer	transcrever
prever	entrever	descrever
vir	pôr	supor

9. O pretérito imperfeito dos verbos regulares e auxiliares

Substituir os verbos entre parênteses pelas formas convenientes do pretérito imperfeito do indicativo:

1. (Ter) ocorrido alguma coisa fora do comum.
2. Quando o tempo (estar) ruim, o meu vizinho frequentemente (oferecer) os seus serviços de motorista.
3. [Ele] (ter) o hábito de cantar muito sempre que [nós] (andar) de carro.
4. Eu quase (ter) esquecido que (haver) coisas assim.
5. Há muito tempo que eu (esperar) por esse momento.
6. O dia (dominar) lentamente a cidade que (acordar) para o trabalho.
7. A maior parte dos convidados (ter)-se retirado.

8. [Ele] (ter) um plano tão audacioso que (ser) difícil de acreditar.
9. Todos (estar) agrupados em volta dos recém-casados.
10. Ambos (ser) de opinião que este casamento (acabar) mal.
11. [Ele] não (saber) onde (haver) de ir buscar dinheiro para os remédios.
12. A partida (estar) marcada para o próximo fim do mês.
13. [Ele] (sentir)-se lisonjeado sem saber porquê.
14. Quando acordou, já o dia (correr) adiantado.
15. Só o zumbido das cigarras (fazer) vibrar o ar parado.
16. Isso também eu (querer) saber!
17. Já (ser) quase três e meia. O doutor nunca mais (aparecer).
18. Para lá da ribeira (estender)-se as vinhas a perder de vista.
19. [Ele] não (saber) que isso (ir) acontecer.
20. Quando deixou a escola, a aula de história já (haver) terminado.

10. O pretérito perfeito simples dos verbos regulares

Pôr as frases seguintes na forma correspondente do plural:

1. O empregado trabalhou pouco.
2. A criança comeu mal.
3. Não compreendi esta atitude.
4. O passageiro desceu do táxi.
5. O estudante aperfeiçoou-se em matemática.
6. O comboio partiu com atraso.
7. Comprei muitos livros.
8. Bebi três copos de cerveja.
9. O senhor vendeu o seu carro?
10. A rapariga falou muito.

11. O pretérito perfeito simples dos verbos regulares e auxiliares

Substituir os verbos entre parênteses pelas formas convenientes do pretérito perfeito simples:

1. [Ele] (empurrar) a cadeira para trás.
2. Os turistas (chegar) a Portugal.
3. Mais de duzentas pessoas (morrer) no caos.
4. Já te (esquecer) de que hoje é sexta-feira?
5. Os dez minutos que [nós] ali (estar) (ser) os mais terríveis da minha vida.
6. (Ser) uma decisão que [eu] (tomar) há muito tempo.

7. (Haver) um momento de silêncio.
8. Só muito mais tarde [eu] (perceber) porquê.
9. O meu tio (morrer) há muitos anos.
10. A multidão (ficar) louca ao ouvir a notícia.
11. [Eu] (ter) de encarar a realidade.
12. A doente (curar)-se mais depressa do que [nós] (imaginar).
13. (Ser) assim que ela se (exprimir).
14. (Acontecer) alguma coisa que lhe (tirar) o apetite?
15. Os oradores (ser) muito aplaudidos.
16. [Ele] (deitar)-se cedo e (adormecer) pouco depois.
17. Teu pai (ser) um nobre e valoroso homem, que (morrer) heroicamente no campo da honra.
18. Só esta manhã é que [eu] (receber) o teu recado.
19. Os médicos (reunir)-se para deliberar.
20. [Eu] (descer) da carruagem e (atravessar) rapidamente o cais. Nem (reparar) onde estava.

12. A conjugação dos verbos regulares e auxiliares

Conjugar as frases seguintes em todas as pessoas do pretérito imperfeito e do pretérito perfeito simples:

1. (Comer) cedo.
2. (Falar) depressa.
3. (Ter) medo.
4. (Abrir) a porta.
5. (Estar) cansado.
6. (Traduzir) uma carta.
7. (Ser) feliz.
8. (Acender) a luz.

13. O futuro e o condicional dos verbos regulares e auxiliares

Pôr os verbos nas formas correspondentes do futuro e do condicional: (Exemplo: Tenho dinheiro. – Terei dinheiro. – Teria dinheiro).

1. Trabalhamos o dia inteiro.
2. Tenho paciência.
3. Comes muito tarde.
4. O Pai chega logo.
5. Somos seis.
6. Não estamos em casa.
7. Janto às oito horas.
8. O professor explica as dificuldades.

9. O comboio parte com atraso.
10. Compro muitos livros.
11. O senhor vende o seu carro?
12. Há muitas pessoas na praça.
13. Não compreendo esta atitude.
14. Esta estrada conduz ao centro da vila.
15. Está em casa?
16. Temos muito trabalho.
17. Escreves uma carta?
18. Onde estão os livros?
19. Estas raparigas falam muito.
20. O rapaz abre a porta.
21. Compras esta casa?
22. Os aviões partem ao mesmo tempo.
23. Acendemos a luz.

14. A conjugação dos verbos regulares e auxiliares

Conjugar as frases seguintes em todas as pessoas do futuro e do condicional:

1. (Reservar) um quarto.
2. (Aprender) português.
3. (Abrir) a porta.
4. (Ter) medo.
5. (Ser) feliz.
6. (Estar) em casa.

15. O futuro dos verbos regulares e auxiliares

Substituir os verbos entre parênteses pelas formas convenientes do futuro:

1. [Eu] (estar) lá daqui a meia hora.
2. Já pensou que (ter) um dia de trabalhar?
3. Se você ficar contente, eu também (ficar).
4. Que horas (ser)?
5. (Honrar) teu pai e tua mãe.
6. [Nós] (estar) livres aí pelas duas e meia.
7. Quero ir-me embora mas não sei se me (ser) fácil.
8. Um dia [tu] (ver) que tenho razão.
9. Os acontecimentos (continuar) a exigir decisões urgentes.
10. [Tu] não (poder) dizer que não te aviso.

16. O condicional dos verbos regulares e auxiliares

Substituir os verbos entre parênteses pelas formas convenientes do condicional:

1. [Eu] (dar) agora tudo para não ter aberto a boca nessa altura.
2. A chegada (ser) às oito da manhã.
3. Qualquer outra pessoa (ter) desistido.
4. (Ter) [nós] dito alguma coisa que lhe desagradasse?
5. Sempre soube que [eles] (acabar) fazendo isso.
6. No dia seguinte (começar) a viagem de volta.
7. Dir-se-ia que estas afirmações (ser) suficientes para pôr fim à questão.
8. [Eles] (dever) terminar o trabalho.
9. Se [eu] tivesse dinheiro, (comprar) aquela casa.
10. [Nós] (jantar) em casa dos avós.

17. O pretérito mais-que-perfeito simples

Substituir o pretérito mais-que-perfeito composto (tinha/havia falado) pelo pretérito mais-que-perfeito simples (falara)[1]:

1. *Tinha passado* por uma dúzia de ocupações diferentes.
2. Se me lembro do caso, é porque nunca me *tinha acontecido* coisa igual.
3. Nesse sentido *tinha aprendido* mais com o amigo em dois meses do que nas escolas em doze anos.
4. O jantar *tinha chegado* ao fim.
5. *Tinha percebido* certos factos que a outros *tinham passado* despercebidos.
6. Comecei a pensar no que me *havia levado* àquela situação desesperada.
7. Os quatro primeiros dias *tinham transcorrido* sem incidentes.
8. Convenceram-se de que *tinha soado* a sua hora final.
9. Ele procurou reconstituir o que *tinha acontecido*.
10. O prédio *tinha sido* reconstruído logo depois da guerra.
11. *Tinha agido* em tudo, tal e qual o irmão, como se o pai não existisse.
12. Durante dois dias *tinha dormido* muito pouco.
13. Quando chegaram lá, o filme já *tinha começado*.
14. Uma tarde aconteceu o que ele sempre *tinha temido*.
15. No ano passado visitei o Brasil; nunca lá *tinha estado* antes.

---

[1] O mais-que-perfeito simples tem pouco uso.

18. O gerúndio

Substituir o infinitivo regido da preposição a pelo gerúndio[1]):

1. Está a tentar ameaçar-me?
2. As crianças estão a brincar na rua.
3. Você sabe o que está a fazer?
4. Acho que me está a confundir com outra pessoa.
5. Você não sabe o que está a dizer!
6. Não posso acreditar que isso esteja a acontecer.
7. Estou a morrer de sede.
8. Ela está a escrever uma carta em português.
9. Os convidados estão a comer.
10. O mendigo está a pedir dinheiro.

19. O imperativo dos verbos regulares e auxiliares

Pôr os verbos entre parênteses na forma correspondente do imperativo:

1. Não (beber) [tu] tanto!
2. (Ter) [você] um pouco de paciência!
3. (Escrever) [tu] uma carta aos teus pais!
4. (Ter) [tu] modos!
5. Não (partir) [tu] agora!
6. (Voltar) [nós] ao trabalho!
7. (Deixar) [tu] de fumar!
8. (Responder) [vocês] com as suas próprias palavras!
9. Anda, não (ser) [tu] pateta!
10. (Esperar) [você] um bocadinho!
11. Não te (preocupar) comigo!
12. Não (tomar) [tu] decisões inoportunas!
13. (Ser) [você] delicado para com os outros!
14. Não (estar) [tu] aflita!
15. (Ser) [tu] honesto!
16. (Entrar) [tu], se faz favor.
17. (Traduzir) [tu] esta carta!

---

[1]) A construção estar + gerúndio é a preferida no Brasil; em Portugal prefere-se estar + infinitivo precedido da preposição a.

20. O Infinitivo pessoal

Substituir o verbo entre parênteses pela forma conveniente do infinitivo pessoal:

1. Ouvi os meninos (cantar).
2. Não é possível [nós] (dar) uma resposta com segurança.
3. Não quero correr o risco de alguém (ouvir) a nossa conversa.
4. Lamento não me (ser) possível responder a essa pergunta.
5. Não te admires de (ser) tu o preferido.
6. Temos muita pena de não (poder) dar tal esclarecimento.
7. Beberam o café sem (deixar) de se fitar.
8. Chegou o momento de [tu] (partir), não?
9. Nadaram até se (cansar).
10. É uma grande oportunidade para você (demonstrar) a sua habilidade.
11. É muito raro eu (sair) de casa.
12. Supões que existirá alguma possibilidade de ele (saber) o que fiz?
13. Nesse caso, creio que o melhor será [nós] (ficar) aqui até ela (chegar).
14. Não te sentes contente por [tu] (estar) ao pé de mim?
15. Talvez seja melhor eu (telefonar)-lhe.

21. O gerúndio

Formar o gerúndio dos verbos seguintes:

ter	falar	possuir
haver	beber	dar
ser	partir	convir
estar	cair	saber
poder	prover	ir
vir	crer	rir
ler	dizer	ver
abrir	pôr	fazer

22. O imperativo dos verbos regulares e auxiliares

Conjugar as frases seguintes em todas as pessoas do imperativo (afirmativo e negativo):

1. (Parar) o carro!
2. (Acender) a luz!
3. (Abrir) a porta!
4. (Ter) pena dele!
5. (Ser) modesto!
6. (Estar) de acordo com ela!

23. A conjugação dos verbos regulares e auxiliares

Conjugar os verbos seguintes em todas as pessoas do pretérito mais-que-perfeito simples e do infinitivo pessoal:

| trabalhar | permitir | haver | ser |
| escrever | produzir | ter | estar |

24. O presente do conjuntivo dos verbos regulares

Substituir o infinitivo pelas formas convenientes:

1. Não te admito que me (falar) dessa forma!
2. É provável que [eles] já (andar) à nossa procura.
3. Haverá outra mulher que te (estimar) mais do que eu?
4. É justo que [eu] (procurar) assegurar o meu futuro.
5. Há quem não (acreditar) nos pressentimentos.
6. Ninguém acredita que [ele] (cumprir) a promessa.
7. Não sairei daqui sem que [tu] me (responder).
8. Farei tudo para que [ele] (receber) o recado.
9. Não creio que ela (sofrer) mais do que eu!
10. É preciso que os alunos (aprender) a estudar.

25. O presente do conjuntivo dos verbos auxiliares

Substituir o infinitivo pelas formas convenientes:

1. Nego que (ser) assim.
2. É lógico que ela (ter) medo.
3. Não se pode dizer que [tu] (estar) hoje muito faladora.
4. Só desejo que [tu] (ser) muito feliz.
5. Não parece que estes argumentos (ter) qualquer valor.
6. Tenho pena que os meus pais não (estar) cá neste dia.
7. Não parece que a decisão (ter) sido feliz.
8. Não te perdoo que [tu] o (ter) feito.
9. Eu não creio que vocês (estar) interessados.
10. Talvez (haver) um meio de arranjar isso.

26. O pretérito imperfeito do conjuntivo dos verbos regulares

Substituir o infinitivo pelas formas convenientes:

1. Ordenou ao motorista que (esperar).
2. Fez sinal para que eu me (calar).
3. Se essa possibilidade (existir), já me teria chegado aos ouvidos.
4. Eu gostava tanto que você me (compreender).
5. Não houve pormenor que [eles] não (perguntar).
6. Proibiu que [nós] (fumar).
7. Explicou-no-lo para que o (compreender).
8. Esperou que ela (desligar).
9. Não acreditei que [tu] (chegar) a tempo.
10. Haviam saído sem que [eles] (perceber).

27. O pretérito imperfeito do conjuntivo dos verbos auxiliares

Substituir o infinitivo pelas formas convenientes:

1. Estranhei que ele (haver) demorado tanto tempo.
2. Era como se [eles] (ter) lido os meus pensamentos.
3. Receei que a minha vez (ter) passado.
4. Sinto muito que a nossa conversa (ter) de acabar assim.
5. Desejava que [eles] (ser) mais enérgicos.
6. Nunca ninguém duvidou que assim (ser).
7. Se [nós] (ter) dinheiro, comprávamos a casa.
8. Jamais pensaria que tal (ser) possível.
9. Oxalá (ser) verdade!
10. Não quis que vocês (estar) zangados.

28. O futuro do conjuntivo dos verbos regulares e auxiliares

Substituir o infinitivo pelas formas convenientes:

1. Se [tu] (precisar) da minha ajuda, podes contar comigo.
2. Se [eu] (acabar) cedo, vou dar uma volta.
3. Logo que [você] (estar) de volta, eu procuro-o.
4. Eu não posso trabalhar enquanto vocês (estar) em casa.
5. Ele vai comprar um carro assim que (ter) o dinheiro.
6. Nunca te esquecerei, aconteça o que (acontecer).

7. Entre, seja quem (ser)!
8. Enquanto o senhor não me (ter) pago, não sairei daqui.
9. Se eles não (estar) em casa, deixarei um recado.
10. Quando [vocês] (ter) tempo, venham visitar-me!
11. Se não (haver) ninguém voltarei a casa.
12. Se [eles] não me (convidar), não irei à festa.
13. Se [tu] (preferir), ficaremos esta noite em casa.
14. Quero terminar o trabalho hoje, custe o que (custar).
15. Não podemos sair enquanto os pais não (chegar).

29. A conjugação dos verbos regulares e auxiliares

Conjugar os verbos seguintes em todas as pessoas do presente do conjuntivo, do pretérito imperfeito do conjuntivo e do futuro do conjuntivo:

aceitar	ter	comer
responder	estar	reduzir
partir	ser	haver

30. Os particípios duplos

a) Indicar a forma regular e a forma irregular dos verbos seguintes:

absolver	frigir	nascer
aceitar	ganhar	pagar
acender	gastar	salvar
afligir	imprimir	soltar
eleger	incluir	sujeitar
entregar	isentar	surpreender
expulsar	juntar	suspender
findar	limpar	suspeitar

b) Substituir o verbo entre parênteses pela forma conveniente (regular ou irregular – masculina ou feminina) do particípio:

1. O ladrão foi (prender) por roubo.
2. Os dois países parecem ter (aceitar) o status quo.
3. As sugestões não foram (aceitar).
4. Àquela hora já estavam (acender) as luzes da cidade.

5. As despesas serão (pagar) à parte.
6. É dinheiro (ganhar) com facilidade.
7. A proibição foi transitoriamente (suspender) por dois anos.
8. O guarda tinha (soltar) os cães.
9. O ladrão foi (soltar) por boa conduta.
10. Os alunos tinham (pagar) uma taxa de inscrição no início do curso.
11. Os bandidos ficaram tão (surpreender) que não resistiram.
12. Os directores tinham (suspender) a reunião.
13. Deixaram-no (entregar) ao seu destino.
14. O homem foi (matar) por três bandidos armados.
15. Qualquer outro homem teria (aceitar) a minha proposta.
16. O comerciante tinha (entregar) as mercadorias.
17. As mercadorias foram (entregar).
18. Este fabricante tem (ganhar) muito dinheiro.
19. Tinha (gastar) todo o ordenado em coisas inúteis.
20. A multidão foi (dispersar) pela polícia.

31. A voz passiva

a) Converter as frases seguintes na voz passiva:

1. O povo odeia o presidente.
2. O autor publicou muitos livros.
3. O exército inimigo tinha sitiado a cidade.
4. Os filhos devem obedecer os pais.
5. A secretária escreveu a carta.
6. Os jornais noticiaram o encontro macabro.
7. Não se pode apresentar a solução de forma assim tão simples.
8. Imigrantes açorianos fundaram Porto Alegre, capital do Rio Grande do Sul.
9. Concluíram a obra no prazo marcado.
10. Os dois estadistas reafirmaram uma vez mais as boas relações luso-alemãs.
11. Os outros países seguiram o exemplo a pouco e pouco.
12. Abriram a porta.
13. Forças pára-quedistas restabeleceram rapidamente a ordem.
14. Ninguém toma esta hipótese a sério.
15. A assistência aplaudiu muito o orador.

b) Converter a voz passiva na activa:

1. Todas as hipóteses foram minuciosamente pesquisadas.
2. A conferência foi ilustrada com diapositivos.

3. A porta foi fechada pela criada.
4. Fomos ajudados a encontrar novo alojamento.
5. Há certas precauções que devem ser tomadas pelo governo.
6. Nenhuma testemunha foi chamada para depor a seu favor.
7. As regras foram explicadas pelo professor.
8. Todos os edifícios da cidade foram destruídos pelos bombardeios.
9. Milhares de pessoas foram presas pela polícia.
10. Todos os parentes e amigos foram convidados pelos noivos.

c) Conjugar o verbo amar na voz passiva, em todos os tempos e modos (sou amado, amada; somos amados, amadas, etc.).

32. Os verbos reflexivos

a) Preencher os espaços com o pronome reflexivo correspondente:

1. [Eu] apressei-... a desculpar-... da minha atitude precipitada.
2. [Ele] aproximou-... da mesa a que estávamos sentados.
3. O rapaz habituara-... em pequeno a caminhar descalço.
4. Despacha-...! Estamos à tua espera.
5. [Nós] vamo-... embora que está a fazer-se tarde.
6. Tudo... torna mais fácil com a prática.
7. Limitemo-... ao que nos interessa.
8. Não tarda muito que [eu]... vá embora.
9. Sempre que... lembro disso, sinto arrepios.
10. Parece que ela... está a sentir melhor.
11. [Nós] encontramo-... ainda longe de realizar aquilo que desejaríamos.
12. Alberto levantou-... dum pulo.
13. Cala-... já, ouviste?
14. Sento-... na borda da cama e descalço os sapatos.
15. Temos os nossos próprios problemas para preocupar-...
16. Você nunca poderá manter-... num emprego se não aprender a levantar-... na hora.
17. Sentemo-... neste canto!
18. Muita gente surpreende-... ao ouvir isto.
19. Como... chamas? – Chamo-... António.
20. [Ele] não... lembrou desse pormenor naquele momento.
21. Creio que... enganei.
22. Não... apressem [vocês]!

b) Conjugar o verbo reflexivo queixar-se em todos os tempos e modos (queixo-me, queixas-te, queixa-se, etc.).

33. Os verbos recíprocos

Preencher os espaços com o pronome recíproco correspondente:

1. Saíram os dois pela rua, amparando-... um no outro.
2. Os homens devem ser amigos e ajudar-... uns aos outros.
3. Temos ambos vinte e dois anos e conhecemo-... quando fomos para o liceu.
4. Calaram-se sem deixarem de... fitar mutuamente.
5. O padre dizia: Perdoai-... uns aos outros.
6. É preciso unirmo-...
7. Compreendemo-... as duas, mas não dissemos mais nada.
8. Ela e o padrasto nunca... entenderam.
9. Encontrámo-... ontem no teatro.
10. Insultaram-... um ao outro.

34. A concordância verbal

Pôr os verbos entre parênteses na forma correcta, segundo as regras da concordância:

1. A parte superior da perna (chamar)-se coxa.
2. No jardim (haver, *imperfeito*) muitas rosas.
3. (Acabar, *perfeito*)-se as férias.
4. (Tratar)-se de casos isolados.
5. Eu e a minha esposa (trabalhar) no mesmo escritório.
6. Tu e o teu amigo (estudar) pouco.
7. Hoje (ser) seis de Outubro.
8. (Precisar)-se de vendedores.
9. Pedro é um dos alunos que mais (estudar).
10. Desta vez sou eu quem (pagar).
11. A maioria (ser, *imperfeito*) jovens.
12. Tudo isso (ser) frases sem sentido.
13. Nem um nem outro (querer) acreditá-lo.
14. As partes laterais do rosto (chamar)-se faces.
15. Em meio da discussão (chover, *imperfeito*) pragas.
16. A maior parte dos soldados (morrer, *perfeito*).
17. Tu e ele (ser) muito preguiçosos.
18. O pai, bem como o filho, (estar) em casa.
19. Fomos nós que (acabar, *perfeito*) o trabalho.
20. (Ouvir, *perfeito*)-se aplausos de todos os lados.

21. Nem eu nem ela (querer) convidá-lo.
22. (Fazer) hoje quatro dias que falámos sobre este assunto.
23. Os Estados Unidos (ser) a nação mais poderosa do Mundo.
24. Na torre da Sé (soar, *perfeito*) devagar as quatro horas.
25. Cem escudos (ser) mais do que suficiente.

35. Modificações ortográficas em verbos

a) Conjugar os verbos seguintes na primeira pessoa do pretérito perfeito simples e em todas as pessoas do presente do conjuntivo, indicando as alterações ortográficas:

ficar
começar
julgar

b) Conjugar os verbos seguintes na primeira pessoa do presente do indicativo e em todas as pessoas do presente do conjuntivo, indicando as alterações ortográficas:

agradecer
proteger
fugir
erguer
distinguir
retorquir *(verbo defectivo)*

c) Pôr os verbos entre parênteses nas pessoas e nos tempos pedidos:

1. [Eu] (explicar, *perfeito*) mais uma vez o que iria acontecer.
2. Não (começar, *imperativo*) [tu] outra vez!
3. Não me (julgar, *imperativo*) [tu] tão mal!
4. Como é que [eu] (chegar, *perfeito*) a isso?
5. [Eu] (indicar, *perfeito*)-lhe uma cadeira.
6. Não me (ameaçar, *imperativo*) [você] na minha própria casa!
7. Confesso que (começar, *perfeito*) a ter ciúmes.
8. Eu não (merecer) tamanha sorte, disse ele, bem sério.
9. [Eu] (conhecer) o seu pai há muito tempo.
10. É possível que a sua atitude se (modificar, *conjuntivo*).
11. É possível que [ela] se (fingir, *conjuntivo*) ofendida.
12. Embora [ele] não o (reconhecer, *conjuntivo*), precisa da nossa ajuda.
13. Eu não (dirigir) automóvel.

14. Quero que [tu] me (obedecer, *conjuntivo*).
15. (Explicar, *imperativo*)-me [você] o que se passou!
16. Que posso fazer para que não (acontecer, *conjuntivo*) nenhuma destas coisas desagradáveis?
17. Não é de esperar que os soldados (fugir, *conjuntivo*).
18. Não estou disposto a consentir que esta situação se (prolongar, *conjuntivo*).
19. É preciso que [nós] (distinguir, *conjuntivo*) o bem do mal.
20. Nada poderá impedir que as críticas se (multiplicar, *conjuntivo*).

36. Os verbos defectivos

a) Indicar as formas em que se usam os seguintes verbos defectivos; e os seus sinónimos:

abolir	compelir	extorquir
banir	demolir	florir
carpir	descomedir-se	remir
colorir	emolir	retorquir

b) Indicar as formas em que se usam os seguintes verbos defectivos; e os seus sinónimos:

emergir	fremir	precaver
feder	fulgir	submergir

37. Os verbos terminados em -oar, -uar e -oiar

a) Conjugar os verbos seguintes nos presentes do indicativo e do conjuntivo, observando a acentuação e a pronúncia:

soar	continuar	boiar
perdoar	averiguar	comboiar
suar	antiquar	apoiar

b) Pôr os verbos entre parênteses nas formas pedidas:

1. Tu nunca me (apoiar).
2. (Continuar, *imperativo*) [vocês] a falar!
3. A população (continuar) decrescendo sistematicamente.
4. É preciso que [nós] (averiguar, *conjuntivo*) a origem destes boatos.

5. É possível que o partido (apoiar, *conjuntivo*) a sua candidatura.
6. Todas as manhãs, às seis horas, (soar) um apito para acordar-nos.
7. Quatro navios de guerra (comboiar) os navios mercantes.
8. (Perdoar, *imperativo*)-me [você], sim? Foi inteiramente sem intenção.
9. Quero que [tu] (averiguar, *conjuntivo*) este assunto.
10. Não te (apoiar, *imperativo*) nesta mesa!

38. Os verbos terminados em -oer

a) Conjugar o verbo moer no presente do indicativo, indicando também a segunda pessoa singular do modo imperativo.

b) Pôr os verbos entre parênteses na forma correcta:

1. (Doer)-me a cabeça. Mas já passa.
2. (Doer, *imperfeito*)-me todos os músculos do corpo.
3. O ciúme (roer, *imperfeito*)-o.
4. Não (roer, *imperativo*) [tu] nas unhas!
5. O moleiro (moer) o trigo.
6. Não me (moer, *imperativo*) [tu] com essas perguntas!
7. Se a verdade (doer), adiá-la (doer) mais ainda.

39. Os verbos terminados em -air e -uir

a) Conjugar os verbos cair, possuir e arguir (acentuação!) nos presentes do indicativo e do conjuntivo.

b) Pôr os verbos entre parênteses na forma correcta:

1. Queres tomar alguma coisa antes de (sair, *inf.pessoal*)?
2. É preciso que [nós] (sair, *conjuntivo*) logo.
3. Ele (arguir) com tanta firmeza que todos ficam admirados.
4. Fez sinal a todos para que (sair, *conj. imp.*).
5. [Eu] (sair) de casa antes do amanhecer e só volto depois do anoitecer.
6. A chuva (cair, *perfeito*) sem parar.
7. Os teus cálculos (sair) errados.
8. [Eu] (sair, *perfeito*) de casa com uma sensação de alívio.
9. Isto (constituir, *futuro*) uma despesa a mais para o automobilista.
10. [Eu] não (atribuir) qualquer valor a este conceito.
11. Não é provável que ele (possuir, *conjuntivo*) tanto dinheiro.

12. Compreendi que (cair, *mais-que-perf.*) numa armadilha.
13. Os sinaleiros (substituir) ou comandam os sinais luminosos automáticos de trânsito.
14. É muito importante que ninguém (sair, *conjuntivo*) descontente.
15. Um silêncio inquietante foi, pouco a pouco, (cair, *gerúndio*) entre eles.

40. Os verbos com duas vogais temáticas que não formam ditongo

a) Conjugar os verbos saudar, proibir e cuidar nos presentes do indicativo e do conjuntivo.

b) Pôr os verbos entre parênteses na forma correcta, usando, em caso de necessidade, o acento agudo:

1. O povoado inteiro (reunir)-se no cais.
2. A enfermeira (cuidar) do bebé doente.
3. O vento (uivar).
4. Os viajantes (pernoitar) num hotel.
5. Este negócio (arruinar)-me.
6. Porque não me (saudar) [tu]?
7. É impossível que [eles] (reunir, *conjuntivo*) tanto dinheiro em tão pouco tempo.
8. Receio que ele (proibir, *conjuntivo*) que saiamos.
9. As estrelas (faiscar).
10. É pena que ela não (aceitar, *conjuntivo*) a minha proposta.

41. Os verbos terminados em -ear e -iar

a) Conjugar os verbos passear, odiar e copiar nos presentes do indicativo e do conjuntivo.

b) Substituir o infinitivo pelas formas convenientes:

1. Ambos (ansiar) por que isto acabe depressa.
2. [Eu] (recear) que seja inútil tentar convencê-lo.
3. Estas opiniões não se (basear) em realidades sólidas.
4. Mal conhece o nosso povo quem assim se (pronunciar).
5. [Eu] (odiar) o que se faz às escondidas.
6. A mão-de-obra especializada (escassear) agora.
7. Estes jornais (influenciar) o sector mais representativo da opinião pública.

8. Eles pretendem mudar o mundo que os (rodear), em vez de se adaptarem a ele.
9. Os alunos não (pronunciar) bem as palavras.
10. [Ele] (presentear, *perfeito*) minha mulher com um pequeno ramo de flores.
11. A sopa (esfriar).
12. Não (confiar, *imperativo*) [você] nesse homem!
13. É possível que [ela] não me (enviar, *conjuntivo*) a carta.
14. O professor (premiar) os alunos aplicados.
15. É muito bem possível que o juiz (sentenciar, *conjuntivo*) ainda hoje.
16. Não (odiar, *imperativo*) [tu]!
17. [Nós] (ansiar) por uma vida melhor.
18. Peço-lhe que (copiar, *conjuntivo*) esta carta.
19. Este comerciante (negociar) em vinhos.
20. Quero que o senhor (remediar, *conjuntivo*) o erro cometido.

42. Os verbos que passam a vogal temática (e/o) para i/u nas formas rizotónicas

a) Conjugar os verbos agredir e polir nos presentes do indicativo e do conjuntivo.

b) Pôr os verbos entre parênteses na forma correcta:

1. É de esperar que o trabalho (progredir, *conjuntivo*).
2. O carpinteiro (polir) a tampa da mesa.
3. Não tenha medo: ninguém a (agredir).
4. Receio que eles (denegrir, *conjuntivo*) a minha reputação.
5. Os que (transgredir) a lei são punidos.
6. [Eu] (prevenir)-o de que não estou disposto a ajudá-lo novamente.
7. É preciso que os alunos (progredir, *conjuntivo*) nos estudos.
8. Os salteadores (agredir) os transeuntes.
9. Não quero que [tu] (transgredir, *conjuntivo*) estes regulamentos.
10. O tabaco (denegrir) os dentes.
11. Peço-lhes que me (prevenir, *conjuntivo*) logo que ele estiver de volta.
12. [Nós] (premir) o botão do ascensor.
13. (Prevenir, *imperativo*)-lo [nós] dos perigos!

43. Os verbos que mudam o i/u da penúltima sílaba em e/o nas segunda e terceira pessoas do singular e terceira do plural do presente do indicativo, bem como na segunda pessoa do singular do imperativo

a) Conjugar os verbos *frigir* e *subir* no presente do indicativo.

b) Pôr os verbos entre parênteses na devida forma:

1. [Eu] (subir) a escada.
2. O vento (bulir) os arvoredos.
3. Quando o Sol nasce, as estrelas (sumir)-se.
4. O doente (cuspir) sangue.
5. O bull-dozer (destruir) o prédio.
6. O cozinheiro (frigir) os peixes.
7. (Sacudir, *imperativo* [nós] o jugo!
8. Os preços (subir) sem cessar.
9. Em condições difíceis, desacordos banais (assumir) proporções enormes.
10. As despesas militares (consumir) quase todos os recursos do país.
11. O cavalo (sacudir) a cauda.
12. [Nós] (subir) sem fazer ruído.
13. (Fugir, *imperativo*) [tu] daqui!
14. Ninguém (acudir) para ajudar o ferido.
15. O conteúdo da novela (resumir)-se em poucas palavras.
16. O juiz (punir) o criminoso.
17. Não (cuspir, *imperativo*) [tu] no chão!
18. Os garotos (escapulir)-se agilmente.
19. O governo espera que os preços não (subir, *conjuntivo*) mais de 2%.
20. A história (sumir)-se nas trevas dos tempos.
21. Os operários (construir) a casa.
22. (Aludir) [tu] a mim?

44. Os verbos que mudam a vogal temática (e/o) em i/u na primeira pessoa do singular do presente do indicativo e em todo o presente do conjuntivo

a) Conjugar os verbos *sentir* e *dormir* nos presentes do indicativo e do conjuntivo.

b) Pôr os verbos entre parênteses na devida forma:

1. De todos os sentimentos, a piedade é que mais nos (ferir).
2. Só queremos que não te (sentir, *conjuntivo*) muito infeliz por estares aqui.

3. A senhora (vestir)-se estupendamente.
4. A empregada (servir) o jantar.
5. [Eu] (tossir) e tenho dor de garganta.
6. [Eu] não (conseguir) encontrar uma resposta.
7. [Eu] (sentir) grande compaixão por esses jovens.
8. [Nós] (sentir) uma falta doida dela.
9. Todos os dias se (descobrir) novos usos para o computador.
10. (Seguir, *imperativo*) [você] o meu conselho!
11. Ninguém jamais (sentir, *perfeito*) o que ele (sentir).
12. (Servir, *imperativo*)-te, não faças cerimónias!
13. Veremos o que se (conseguir) descobrir.
14. Nunca me (mentir, *imperativo*) [tu]!
15. O que [eu] (preferir) é não pensar no assunto.
16. Não creio que ele se (sentir, *conjuntivo*) responsável.
17. Ele (seguir)-a pela escada acima.
18. [Nós] não (conseguir) esconder o riso.
19. Não é de admirar que ela se (sentir, *conjuntivo*) abandonada.
20. A mãe (vestir) as crianças.
21. [Ele] (descobrir, *perfeito*) logo o que havia de errado.
22. O senhor sabe perfeitamente a que me (referir).
23. Não é possível que ela (conseguir, *conjuntivo*) alterar as minhas convicções.
24. Estás certo de que (preferir) ir?
25. (Reflectir, *imperativo*) [tu] bem antes de responder!
26. Não quero que a história se (repetir, *conjuntivo*).
27. É de esperar que [eles] (descobrir, *conjuntivo*) a verdade.
28. A mãe (cerzir) a roupa.
29. Oxalá os nossos soldados (repelir, *conjuntivo*) o inimigo!
30. Espero que o senhor se (divertir, *conjuntivo*) bem.
31. (Repetir, *imperativo*) [você] esta palavra!
32. É preciso que o senhor (reflectir, *conjuntivo*) muito bem antes de assinar o contrato.
33. Não me parece que a decisão (competir, *conjuntivo*) ao senhor.
34. É possível que as nossas opiniões (divergir, *conjuntivo*).
35. [Eu] (inserir) um anúncio.

45. Os verbos «medir», «ouvir», «pedir», «perder», «requerer», «valer» e compostos

a) Conjugar os seis verbos acima mencionados nos presentes do indicativo e do conjuntivo.

b) Pôr os verbos entre parênteses na devida forma:

1. Com você eu (perder) sempre.
2. [Eu] (ouvir) tocar a campainha.
3. [Eu] não (pedir) nada além de compreensão.
4. É possível que [ele] se (valer, *conjuntivo*) do facto de nós não percebermos nada do assunto.
5. [Nós] (ouvir) o carro a guinchar na curva.
6. Quero que vocês (ouvir, *conjuntivo*).
7. Os acontecimentos das últimas semanas (perder) toda a sua aparente importância.
8. O esforço (valer, *perfeito*) a pena.
9. Não te (medir, *imperativo*) com aquele homem!
10. A educação das crianças (requerer) grande cuidado.
11. É possível que o advogado (requerer, *conjuntivo*) a citação da testemunha.
12. Esta sala (medir) trinta metros quadrados.
13. (Valer) a pena tentar.
14. Não creio que este carro (valer, *conjuntivo*) tanto dinheiro.
15. Duvido que [ele] se (despedir, *conjuntivo*) dos seus amigos.
16. [Eu] (expedir) as mercadorias o mais breve possível.
17. O polícia (desimpedir) o trânsito.
18. Não (impedir, *imperativo*) [você] a passagem!
19. Tudo quanto a mulher (pedir) é lealdade.
20. É de desejar que [eles] se (valer, *conjuntivo*) desta oportunidade.

46. O verbo irregular «dar»

Pôr o infinitivo nas formas correctas:

1. [Eles] não (dar, *perfeito*) parte a ninguém do que sucedera.
2. A operação não (dar, *perfeito*) o resultado previsto.
3. [Eu] (dar) nesse ponto inteira razão ao meu sucessor.
4. Como é possível que eu nunca (dar, *conj. imperf.*) por isso?
5. [Eu] (dar, *imperfeito*) tudo para poder sair daqui.
6. O relógio (dar) dez horas.

7. [Nós] (dar) o assunto por findo.
8. (Dar, *imperativo*)-me [você] licença por um minuto.
9. Conte comigo para o que (dar, *conj. futuro*) e vier.
10. A bata branca (dar, *imperfeito*)-lhe um ar austero.
11. (Dar, *imperativo*)-me [tu] licença que faça uma chamada?
12. [Eu] (dar, *perfeito*) o remédio ao doente.
13. É impossível que este ordenado (dar, *conjuntivo*) para viver.
14. Ele e a mulher não se (dar) bem.
15. Isto não (dar, *futuro*) certo.
16. [Eu] não me (dar, *futuro*) por vencido.
17. Ontem [nós] (dar, *perfeito*) uma festa.
18. Desejo um quarto que (dar, *conjuntivo*) para a rua.
19. [Eu] (dar, *condicional*) a vida por ela.
20. Não me parece que estas árvores (dar, *conjuntivo*) muita fruta.

47. O verbo irregular «pôr» e compostos

Pôr o infinitivo nas formas correctas:

1. Podes talvez mais do que (supor).
2. O acidente (pôr, *perfeito*) fim abrupto à festa.
3. Ao verificar que [eu] só (dispor, *imperfeito*) de uma hora, apertei o passo.
4. [Eu] (dar, *perfeito*) um salto e (pôr, *perfeito*)-me a correr.
5. (Pôr, *imperativo*) [tu] este livro em cima da mesa!
6. A central nuclear não será (pôr, *particípio*) em funcionamento.
7. [Eles] nunca me (pôr) a par de nada.
8. O exército (dispor) de vinte mil homens.
9. Tinha (pôr, *particípio*) as minhas esperanças nesta oportunidade.
10. (Pôr, *imperativo*) [vocês] a mesa neste canto!
11. [Eu] (supor) que ela esteja em casa.
12. (Pôr, *imperativo*) [você] o casaco, que está frio!
13. Disse-lhe que (pôr, *conj. imperf.*) as flores na jarra.
14. Os pais (pôr, *perfeito*) todo o seu orgulho nos filhos.
15. Quando é que as autoridades (pôr, *futuro*) fim a esta situação?
16. [Tu] já (pôr, *perfeito*) a mesa?
17. O fabricante (pôr, *perfeito*) muito dinheiro no banco.
18. Pedi-lhes que me (pôr, *conj. imperf.*) o nome na lista.
19. (Pôr, *imperativo*) [nós] os pontos nos ii!
20. Eu, no teu lugar, (pôr, *condicional*) as cartas na mesa.

48. Os verbos irregulares «caber», «fazer», «saber», «trazer» e compostos

Pôr o infinitivo nas formas correctas:

1. Só muito mais tarde [eu] (saber, *perfeito*) exactamente o que isto significava.
2. Que mal (fazer, *perfeito*) eu?
3. [Ele] não (fazer, *perfeito*) mais que o seu dever.
4. Mas eu pensava que [tu] não (fazer, *imperfeito*) outra coisa senão estudar.
5. Daqui a pouco [eu] (fazer)-lhe uma visita, se me dá licença.
6. Eu (trazer, *perfeito*) uns amigos para jantar.
7. Elas (fazer, *perfeito*) uma festinha.
8. É impossível que eles (fazer, *conjuntivo*) isto.
9. (Fazer, *conjuntivo*) sol, (fazer, *conjuntivo*) chuva, está sempre cantando.
10. Quer que [eu] (trazer, *conjuntivo*) alguma coisa da cidade?
11. Você não acha que nós já (fazer, *perfeito*) bastante?
12. O que é que a (fazer, *perfeito*) fugir?
13. Aposto que o Pai não (fazer, *futuro*) isto!
14. Não se (fazer, *imperativo*) tão curiosa. Depois você (saber, *futuro*) ...
15. Isso é pergunta que não se (fazer).
16. Eu (saber) o que (fazer).
17. Compreendeu no mesmo instante o que a (fazer, *mais-que-perf.*) ir até ali.
18. Como e porque [eu] o (fazer, *perfeito*) não (saber) explicar.
19. Perderemos, (fazer, *conjuntivo*) seja o que for.
20. Voltaremos daqui a pouco e (trazer, *futuro*) sorvetes.
21. Posso ajudar? – perguntou ele, como eu esperava que (fazer, *conj. imperf.*).
22. [Eu] (saber) que [tu] nunca (fazer, *condicional*) uma coisa errada.
23. Ler jornais era uma coisa que ela nunca (fazer, *mais-que-perf.*).
24. [Tu] não (fazer) ideia?
25. E só então é que [vocês] (saber, *perfeito*)?
26. Era tempo de que algo de concreto se (fazer, *conj. imperf.*).
27. [Nós] (fazer, *perfeito*) tudo quanto nos pareceu possível.
28. Não (fazer, *imperativo*) [tu] perguntas tolas!
29. Ninguém (fazer) milagres em casa própria.
30. Afinal o senhor também não (saber) tudo.
31. Que eu (saber, *conjuntivo*), nunca te (fazer, *perfeito*) mal.
32. [Eu] não (fazer) a mínima ideia.
33. Que (fazer) [vocês] aqui?
34. (Saber) [tu] o que ela me disse?

35. Não creio que vocês (saber, *conjuntivo*) mais do que eu.
36. [Eu] (fazer, *futuro*) tudo quanto estiver ao meu alcance para o evitar.
37. [Eu] não (saber) bem como hei-de continuar a conversa.
38. Jamais se (refazer, *perfeito*) desse golpe.
39. Creio que o senhor já (saber) o que nos (trazer) aqui.
40. Disse que me chama, assim que (saber, *conj. futuro*) alguma coisa.
41. As minhas esperanças (desfazer, *perfeito*)-se abruptamente.
42. Quero somente aquilo que me (caber).
43. Se [tu] não (fazer, *conj.futuro*) barulho [eu] não te (fazer) mal.
44. Ele (trazer, *perfeito*)-lhe livros e flores.
45. (Fazer, *imperativo*) [tu] o que eu disse!
46. Não creio que tantas pessoas (caber, *conjuntivo*) na sala.
47. (Caber, *perfeito*)-me cem contos na herança.
48. Voltou quando se (saber, *perfeito*) da notícia do armistício.
49. Foi isso o que me (trazer, *perfeito*) cá.

49. Os verbos irregulares «dizer» e compostos, «poder» e «querer»

Pôr o infinitivo nas formas correctas:

1. (Dizer, *imperativo*)-me [tu] quem vem lá!
2. Eu também fui convidado mas não (poder, *perfeito*) ir.
3. Não havia nada que eu (poder, *conj.imperf.*) fazer.
4. Meu tio não (querer, *imperfeito*) ir mas foi.
5. Eu não (dizer, *futuro*) mais nada.
6. Nós sentimos que você não (poder, *conjuntivo*) vir.
7. (Querer) [tu] que [eu] te (dizer, *conjuntivo*) uma coisa?
8. Nunca mais veio para casa, nem (querer, *perfeito*) saber dos pais.
9. Ela (dizer, *perfeito*) que não se importava.
10. Tem aí um pano velho que eu (poder, *conjuntivo*) rasgar em tiras?
11. Ligue para mim a qualquer momento em que (querer, *conjuntivo*) falar com alguém.
12. [Ele] não (poder, *perfeito*) esconder a surpresa que o assaltou.
13. [Eu] não lhes (poder, *perfeito*) fazer a vontade.
14. [Eu] não (querer, *perfeito*) que você ficasse preocupada.
15. Desculpe-me. Não (poder, *perfeito*) entender o que o senhor (dizer, *perfeito*).
16. Todos (dizer, *perfeito*) que foi uma festa maravilhosa, e foi mesmo.
17. [Nós] só (poder, *perfeito*) trocar algumas palavras.
18. Nunca prestas atenção a nada do que eu (dizer).
19. [Ela] mal (poder, *perfeito*) acreditar no que ouviu.

20. Não há nada que [nós] (poder, *conjuntivo*) fazer por ele?
21. O que eu (dizer, *perfeito*) é a verdade.
22. Se eu (poder, *conj.imperf.*) engolir tudo o que (dizer, *mais-que-perf.*)!
23. Daqui a nada (poder) ser tarde!
24. Se [tu] (querer, *conj. futuro*), empresto-te alguns romances.
25. [Tu] não (dizer, *perfeito*) que precisavas de estudar?
26. Que outra coisa (poder) [nós] fazer além de encolher os ombros.
27. A vida já não tem nada que eu (poder, *conjuntivo*) invejar, (dizer, *perfeito*) o velho.
28. Trata-se de um assunto que [eu] não (poder) discutir.
29. Não foi isso que [tu] (dizer, *perfeito*)?
30. Não (dizer, *imperativo*) [tu] depois que te não preveni.
31. Porque não (dizer, *perfeito*) ela a verdade?
32. [Eu] não (querer) ficar em dificuldades.
33. (Dizer, *particípio*) isso, retira-se.
34. Se não ajudei foi porque não (poder, *perfeito*).
35. Farei tudo quanto ele (querer, *conj.futuro*).
36. Não (dizer, *imperativo*) [tu] mais disparates! Já (dizer, *perfeito*) bastantes.
37. [Eu] (dizer) o que tenho a dizer, e acabou-se!
38. O réu (contradizer, *perfeito*) o meu testemunho.
39. Não (maldizer, *imperativo*) [você] do seu destino!

50. Os verbos irregulares «crer», «ler», «ver» e compostos

Pôr o infinitivo nas formas correctas:

1. Eu não (ver) a razão da sua certeza.
2. Era a primeira vez que eu o (ver, *imperfeito*).
3. Eu (ler, *imperfeito*) quando ela chegou.
4. Não (crer, *imperativo*) [tu] no que ela diz por despeito!
5. Mostrarei a você o que nunca ninguém (ver, *perfeito*).
6. Isso (ver, *perfeito*) eu com os meus próprios olhos.
7. O senhor já (ler, *perfeito*) o romance?
8. Ela (ver) que estou olhando.
9. [Eu] nunca (ler, *perfeito*) nada de semelhante.
10. [Eu] (ver, *perfeito*) o homem pôr-se pálido.
11. [Eu] (ver, *futuro*) se posso conseguir alguma coisa.
12. O Governo prepara um programa de austeridade que (prever) o congelamento dos salários.
13. Não quero que [eles] me (ver, *conjuntivo*).

14. [Tu] não (ver) como ele está pálido?
15. [Nós] nunca te (ver, *perfeito*) tão bem disposto.
16. Há já dois anos que [eu] não o (ver).
17. As indústrias (ver)-se a braços com grandes dificuldades.
18. [Tu] já (ler, *perfeito*) tudo isso?
19. As férias, em sua maioria, custam mais caro do que se (prever, *perfeito*).
20. (Ver, *imperativo*) [você] na página seguinte as respostas.
21. Tu ainda (crer) nisso? Sei lá se [eu] (crer).
22. Desta vez não acontece nada, [tu] (ver, *futuro*).
23. Eu já tinha (prever, *particípio*) esta atitude.
24. [Eles] (prover, *perfeito*)-me de dinheiro para a viagem de volta.
25. (Reler, *imperativo*) [tu] este trecho!

51. Os verbos irregulares «ir», «rir», «vir» e compostos

Pôr o infinitivo nas formas correctas:
1. Com quem (vir, *perfeito*) [tu]?
2. Elas (rir) muito por se verem com aquele aspecto grotesco.
3. Parece que ele não (vir).
4. É aconselhável que o senhor (vir, *conjuntivo*) cedo.
5. (Ir, *imperativo*) [nós] embora, que (ir) tardando já.
6. Não digo que isso (ir, *conjuntivo*) acontecer aqui.
7. Sabiam que (ir, *imperfeito*) encontrar dificuldades logo de início.
8. Onde é que isso (ir) acabar?
9. Não queres que eu (ir, *conjuntivo*) contigo?
10. Ainda não (vir, *perfeito*) todos.
11. (Vir, *imperativo*) [tu] perto de mim, quero ver o teu rosto.
12. Ainda bem que [tu] (vir, *perfeito*)!
13. Para onde (ir, *perfeito*) [vocês]?
14. Ambos se (rir, *perfeito*), dando a conversa por encerrada.
15. [Eu] (vir, *perfeito*) sozinha, porque ele não me (poder, *perfeito*) acompanhar.
16. Que (vir, *perfeito*) [ele] cá fazer?
17. Porque (vir) [tu] falar-me nisso, de novo?
18. Eu (vir) dizendo isso há muito tempo.
19. (Ir, *imperativo*) [tu] para o teu quarto!
20. Ficou lendo até que o sono (vir, *conj.imperf.*).
21. Não aceita sugestões nem conselhos (vir, *conjuntivo*) de onde (vir, *conj. futuro*).

22. [Eu] não (ir) deixar passar a ocasião que (vir) procurando há muito tempo.
23. O senhor deve saber porque (vir, *perfeito*) [nós].
24. A jovem (sorrir) de leve.
25. Quero ter a certeza de que ninguém (vir, *futuro*) interromper-nos.
26. O camião (ir, *perfeito*) perdendo velocidade.
27. [Tu] (vir, *imperativo*) cá! Aqui ele não te pode ver.
28. Não me (ir, *conjuntivo*) eu meter em sarilhos!
29. [Eles] (sorrir) um para o outro com ar de velhos amigos.
30. Aí está porque eu me (rir).
31. Infelizmente não tinha (vir, *particípio*)!
32. Não creio que ele tenha (intervir, *particípio*).
33. (Convir) decidirmos quanto antes.
34. [Ela] já (vir, *imperfeito*) descendo a escada.
35. Quando é que [tu] (ir)?

52. O emprego do presente do indicativo e do futuro do indicativo

Pôr as formas convenientes do presente do indicativo ou do futuro imperfeito do indicativo, segundo o sentido da frase:

1. (Ter) ele vislumbrado a verdade? (*dúvida*)
2. Os contraventores da lei que vai ser promulgada (ser) punidos com severas penas de prisão.
3. Quando eu precisar de si, (chamar)-a.
4. Tu (calar-se)! (*imperativo*)
5. (Abrir) eu a porta?
6. Na semana que vier [eu] (ir) a Portugal.
7. Amanhã (ser) sexta-feira.
8. Os conhecimentos de depósito (indicar) o nome, profissão e domicílio do depositante. (*obrigação*)
9. Só o tempo (confirmar) estas afirmações.
10. (Ser) que estou a modificar-me? (*dúvida*)
11. [Ele] (dizer) isso, mas não é assim. (*probabilidade*)
12. (Honrar) teu pai e tua mãe. (*imperativo*)
13. Que horas (ser)? *(incerteza)*
14. Há tanto tempo que [eu] não lhes (escrever), que tudo pode ter acontecido.
15. [Eu] (ir) amanhã.
16. Mal entrara no vestíbulo, ao despir a gabardina, eis que [eu] o (ver) irromper numa fúria para me abraçar com fervor. (*presente histórico*)

17. [Ele] (ter), quando muito, trinta e cinco anos. (*dúvida*)
18. Cada um (pagar) apenas uma pequena quantia mensal. (*obrigação*)
19. Se [eu] (adivinhar), não caía nessa.
20. [Tu] não (matar). (*imperativo*)

53. O emprego do pretérito perfeito simples do indicativo e do pretérito imperfeito do indicativo

Substituir os verbos entre parênteses pelas formas convenientes do pretérito perfeito ou do pretérito imperfeito, segundo o sentido da frase:

1. [Ele] (olhar) para o relógio, que (marcar) dez horas.
2. Como [eu] não (perceber) o que ele (querer) dizer, não (ligar) importância.
3. [Eu) (ter) hoje uma despesa com que não (contar).
4. [Ela] (desatar) de súbito a rir e (exclamar): Bem feito!
5. Todas as manhãs [ele] (ir), alegre, para o escritório, na esperança de a ver.
6. [Ele] (olhar)-me, (acenar) com a cabeça e (continuar) a falar, sem se dirigir a ninguém em particular.
7. Quem é este casal a quem a senhora me (apresentar)?
8. [Eu] (estar) bem longe de o encontrar aqui! Há quanto tempo é que eu não o (ver)?
9. Quando ele (ser) nomeado, (estar) eu na América do Sul.
10. Velhos, mulheres e crianças (dormir) ainda, na maioria, quando as bombas (cair) em cima delas.

54. O emprego do «perfeito» e do «imperfeito»

Substituir o infinitivo pelas formas convenientes do «perfeito» ou do «imperfeito», segundo o sentido da frase:

1. Qualquer crítica (produzir) nele um acesso de fúria.
2. Eu (estar) lendo quando ela (chegar).
3. (Começar) a chuviscar, quando eu me (achar) a dois passos da porta.
4. (Ser) quatro horas, quando o director (sair) do escritório.
5. As graças do velho (ser) sempre recebidas com risos.
6. [Ele] (desdobrar) o jornal e (tentar) ler.
7. (Chover) a semana inteira.
8. O jovem casal (ter) uma filha de cinco meses.

9. [Ele] (perceber) imediatamente que (haver) qualquer coisa errada.
10. Ninguém (pagar) mais de uma semana de cada vez.
11. Desculpe. Não (ser) de propósito.
12. (Chover) forte quando [nós] (chegar) a casa dela.
13. (Vir) primeiro o médico, depois o padre, mas já nada (poder) fazer.
14. A guerra medieval (ser) um combate corpo a corpo com lança e espada, clava e acha.
15. Onde (estar) o senhor durante todo este tempo?

55. O emprego do «perfeito» e do «imperfeito»

Substituir o infinitivo pelas formas convenientes do «perfeito» ou do «imperfeito», segundo o sentido da frase:

1. Quando [nós] (chegar) à escola, a festa (estar) apenas começando.
2. Todas as vezes que [eu] lá (ir) a casa me (parecer) sempre que eles se (entender) bem.
3. Nunca se (saber) o que se (passar) nessa entrevista.
4. Quando [eu] (chegar) junto da casa (hesitar) por uns momentos.
5. [Eu] (chegar) a uma estrada que (parecer) ser a que eu (procurar).
6. A viagem (durar) umas oito horas mais ou menos.
7. Uma ou duas vezes [ela] (dar) a impressão de que (ir) falar, mas não (falar).
8. O rapaz (saltar) para fora e (desaparecer) através da sebe.
9. Tudo (correr) tão bem que [nós] mal (poder) acreditar.
10. O condutor do camião (afirmar) que (ter) as luzes da retaguarda acesas.
11. O senhor tem a certeza de que (ser) o ano passado?
12. Por pouco [ele] não (pagar) a despesa.
13. [Ele] (lembrar)-se com frequência, mas sem quaisquer sentimentos, da família e dos amigos.

56. O emprego do «perfeito», do «imperfeito» e do «mais-que-perfeito»

Substituir os verbos entre parênteses pelas formas convenientes do pretérito perfeito simples do indicativo ou do pretérito imperfeito do indicativo ou do pretérito mais-que-perfeito simples, segundo o sentido da frase:

1. O dia ainda não (despontar) e já os arrozais se (encher) de velhos que (vir) salvar o que (poder) ser salvo.
2. De súbito, o rapaz (ter) uma vontade louca de chorar.

3. Porque (haver) [ele] de proceder de outra maneira?
4. (Fazer)-se uma pausa. Um anjo (passar), assim (rezar) a lenda.
5. Já ali [eu] (estar) (haver) tanto tempo!
6. [Ele] não a (ver) bem no dia do baile, e por isso não (saber) que se (tratar) de uma linda mulher.
7. (Ser) um quarto estreito, com uma janela, ao fundo, que (dar) para o jardim.
8. [Ele] (partir) com seus pais para o Brasil, mal (ter) um ano.
9. Mais uma vez [ele] (tentar) despertar o interesse dela pelo que (ver).
10. Não (estar) mais ninguém no quarto, mas ele (olhar) segunda vez.
11. [Eu] já (escrever) a carta, quando ele me (telefonar).
12. O olhar de alívio e de gratidão que ela me (dar) (convencer)-me de que havia raciocinado certo.
13. Logo que você (entrar), [eu] (ter) a impressão de que a sua cara não me (ser) estranha.
14. (Acontecer) o que eu (recear)!
15. Foi aqui que nos (conhecer).

57. O emprego do «perfeito» e do «imperfeito»

Substituir o infinitivo pelas formas convenientes do «perfeito» ou do «imperfeito», segundo o sentido da frase:

1. Tudo (sair) mais fácil do que eu (esperar).
2. [Eu] (olhar) o relógio: (ser) cinco da manhã.
3. O que eu (dar) para ter assistido a tudo!
4. Quando [nós] (chegar) não (haver) ninguém.
5. (Ser) uma mulher solitária e retraída.
6. [Eu] (julgar) que (ser) dia.
7. Quase não (haver) mais ninguém no restaurante.
8. Ao cabo de uns minutos (ficar) esgotada a munição.
9. (Haver) um momento de silêncio.
10. O discurso (ser) recebido com gargalhadas.
11. Que pena eu (ter) de ver tudo acabado tão depressa!
12. (Ser) tarde quando [nós] (regressar) a casa.
13. Quando [eles] (descer), o homem (esperar)-os à porta.
14. [Eu] (julgar) que [tu] não (ir) aparecer hoje.
15. [Eu] mal (poder) respirar quando (chegar) à escola.

58. O emprego do «perfeito» e do «imperfeito»

Substituir o infinitivo pelas formas convenientes do «perfeito» ou do «imperfeito», segundo o sentido da frase:

1. O empregado (conduzir)-os a uma mesa perto de uma janela que (dar) para a rua.
2. (Ser) quase dez horas da noite quando [nós] lá (chegar).
3. Eu (saber) que ela (estar) mentindo, e isso só (fazer) aumentar o meu mal-estar.
4. Quando a vítima (recuperar) os sentidos (estar) deitada num sofá.
5. Quando tu (chegar) já eu cá (estar).
6. De repente ela (lembrar)-se da mulher que (morar) no apartamento ao lado.
7. Quando [ele] (saltar) da cama, ainda mal a manhã (despontar); (aproximar)-se, em bicos de pés, da janela, como (ser) seu hábito.
8. Que me (importar) o nome da localidade?
9. (Ser) quase onze horas quando [ele] (chegar) ao escritório.
10. Não (haver) no rosto dela a menor mudança de expressão.
11. A sua boca fina e fria não (passar) de uma incisão sem cor.
12. Ela (levantar)-se da cadeira onde (estar) sentada e (vir) para junto de mim.
13. Como de costume, sempre que [ele] (tardar) em levantar-se, a criada (ir) bater-lhe à porta para o despertar.
14. Há vinte anos atrás, a Itália (ter) uma economia baseada na agricultura.
15. Quando a mãe (ver) o filho, (abraçar)-o e (pôr)-se a chorar.

59. O emprego do «perfeito» e do «imperfeito»

Substituir os verbos entre parênteses pelas formas convenientes do «perfeito» ou do «imperfeito», segundo o sentido da frase:

1. Os passageiros (apertar) os cintos de segurança, enquanto o avião (deslizar) para a pista.
2. (Parecer)-lhes que (ser) decorridos apenas alguns minutos quando (ser) acordados por violentas pancadas na porta.
3. A prova de que [nós] (estar) a acertar no alvo (chegar) quinze dias depois.
4. Em sentido contrário, (rodar) um carro com os máximos acesos, que me (encandear).

5. Até o começo do século actual, o uso de tu (ser) comum no Brasil.
6. As nossas forças (diminuir) gradativamente devido à desnutrição.
7. Na Feira Popular (haver) uma sala de espelhos que (deformar) a imagem das pessoas.
8. [Ele] (abrir) a porta sem fazer barulho e (ir) para o quarto na ponta dos pés.
9. O meu comentário (ser) com intenção de brincadeira.
10. O pedido (ter) imediata recusa.

60. O emprego do conjuntivo

Pôr as formas convenientes do pretérito imperfeito do conjuntivo ou do futuro imperfeito do conjuntivo, segundo o sentido da frase:

1. Se todos (pensar) como tu, voltaríamos à lei da selva.
2. Que interesse teríamos em viver uma vida que já (conhecer)?
3. Seria como se tudo (acontecer) pela segunda vez.
4. Diz isso como se a (contrariar).
5. Se (haver) alguma novidade, fale-me para o escritório. Nós em casa não temos telefone.
6. Aconteça o que (acontecer), seja qual (ser) o destino que nos (estar) reservado, haja que distâncias (haver) entre nós, prometa que voltaremos a encontrar-nos!
7. Se (existir) essa possibilidade, por mínima que seja, há que[1]) aproveitá-la antes que seja tarde de mais.
8. Se [eu] os (poder) matar, matava-os.
9. Se os nossos cálculos (sair) certos, podemos aumentar consideravelmente a produção.
10. Se ele me (ter) dito a verdade, ter-lhe-ia emprestado o meu carro.

61. O emprego do indicativo, do conjuntivo e do condicional

Substituir o infinitivo pelas formas correctas do indicativo, do conjuntivo (nos tempos convenientes) ou do condicional, segundo o sentido da frase:

1. Talvez um dia [nós] (ajustar) contas com ele!
2. [Nós] (estar) talvez a exagerar.
3. Não nos parece que a resposta (poder) ser afirmativa.

---

[1]) A expressão *há que,* embora usual, é considerada espanholismo, pelo menos a abundância dela.

4. Parece-me que [eu] (falhar).
5. O senhor vai ver que nem tudo (estar) perdido.
6. Por mais que (viver) nunca os poderei esquecer.
7. Ninguém negará que os resultados (ser) desanimadores.
8. Não conheço uma rapariga que (pensar) da mesma forma que tu.
9. Não é problema que me (dizer) respeito.
10. Ela nunca compreendeu que eu (gostar) dela.
11. Escreveu-lhe que os pagamentos (ser) suspensos.
12. Disse-me que (entrar).
13. Escrevi-lhe que [ele] (voltar) logo.
14. Penso que essa ideia lhe (ser) insuportável.
15. Por mais alto que [eles] (gritar), ninguém responde.
16. Pediu à esposa que (telefonar) para o escritório avisando que ele não (ir) trabalhar.
17. Não creio que ele (gostar) tanto de mim como eu dele.
18. Creio que (ser) boa ideia partirmos agora.
19. Ninguém duvida de que a única resposta possível (ser) a negativa.
20. Quem me não (conhecer) (poder) chegar a pensar que eu (dever) sentir-me aliviada.
21. Não tive dúvida de que os meus amigos logo me (encontrar) e me (levar) de volta são e salvo.
22. Imploraram-lhe que (voltar), mas ela fez que não ouviu.
23. É evidente que uma medida desta natureza (ser) muito impopular.
24. Insistiu para que [nós] não (deixar) de estar de volta no dia combinado.
25. Eu tentara em vão convencê-la de que o dia seguinte (ser) melhor.

62. O emprego do conjuntivo

Substituir o infinitivo pelas formas convenientes do presente, do pretérito imperfeito ou do futuro imperfeito do conjuntivo, segundo o sentido da frase:

1. Como pode ficar aí sentado, alheio a tudo o que se passa à sua volta, como se não lhe (dizer) respeito?
2. É necessário que cada trabalhador (ter) a certeza de ser devidamente apreciado e que (ser) dado ao seu trabalho o seu justo valor.
3. Talvez (poder) ainda encontrar-nos amanhã.
4. E se [nós] (perguntar) a alguém?
5. Eu, pessoalmente, já não creio que o mundo (ter) emenda.

6. Se (querer) que eu te (ajudar) nalguma coisa ... – Obrigado. Mas não é preciso.
7. Não há nada que me (tirar) melhor a sede do que uma cerveja.
8. Se (haver) qualquer incidente entre você e a Maria, eu tomo a defesa de você.
9. Eu tenho dinheiro. Empresto-lhe o que (ser) preciso.
10. De onde quer que [tu] (estar), escreve-me!
11. Talvez não (ser) má ideia ouvir a opinião dele.
12. Um dia destes passarei pela sua casa, quando [eu] (estar) de folga, e talvez a (poder) convidar para jantar.
13. Leva o tempo que [tu] (precisar)!
14. Já estava com medo de que [ele] não (voltar).
15. Se [você] (querer) escapar a este destino, siga o meu conselho: não desista!

63. O emprego do indicativo e do conjuntivo

Substituir os verbos entre parênteses pelas formas correctas do indicativo ou do conjuntivo (nos tempos convenientes), segundo o sentido da frase:

1. Não é justo que [tu] me (atacar) assim.
2. Não mexe uma palma em nada que (considerar) da minha responsabilidade.
3. Ficou-nos a impressão de que este trabalho (ser) deveras exaustivo.
4. O piloto conseguiu sair do avião antes que este (afundar).
5. Mesmo depois que [ele] (sair) de casa, estivemos sempre em contacto com ele.
6. Foi preciso alguma persuasão para que ele (aceitar) a nossa ideia.
7. O que é preciso é que [eles] não (desconfiar) do verdadeiro objectivo.
8. O outro continuou a fitá-lo até que (chegar) a uma decisão.
9. O café soube-me mal, talvez porque o (beber) de um trago.
10. Como de costume chega atrasado, se é que não se (esquecer) do que combinou.
11. É melhor esperar que (vir) a suceder qualquer coisa que (mudar) convenientemente esta situação.
12. Senti que alguém se (aproximar) de mim.
13. Não acreditei que tu (vir).
14. Não nos parece que estas diferenças de pronúncia (merecer) qualquer censura.
15. Não me leva com certeza a mal que eu, como amigo, lhe (dar) um conselho.

64. O emprego do conjuntivo

Substituir o infinitivo pelas formas convenientes do presente, do pretérito imperfeito ou do futuro imperfeito do conjuntivo, segundo o sentido da frase:

1. Podem levar o que (querer).
2. Por maiores que (ser) as dificuldades financeiras desse programa, está fora de dúvida que terá de ser realizado.
3. Aquilo não me parece mal e pode ser que (ter) coisas acertadas.
4. Quando a gente quer, não há nada que (ser) impossível.
5. Vou à cidade assim que (poder).
6. Não improvises sobre aquilo que não (saber) bem.
7. Por pior que (ser) um actor ou uma actriz, o crítico sempre achava uma forma de lhe encontrar méritos.
8. Correu a fechar a porta do quarto, para que os estranhos não (ouvir) as palavras gritadas.
9. Não podes arranjar um livro que me (ensinar) a compreender melhor tudo que se passou?
10. Não conseguia dar-lhe resposta, por mais que se (esforçar).

65. O emprego do indicativo e do conjuntivo

Substituir os verbos entre parênteses pelas formas correctas do indicativo ou do conjuntivo (nos tempos convenientes), segundo o sentido da frase:

1. Há quem (sustentar) este ponto de vista mas há também quem se (inclinar) para o contrário.
2. É significativo e curioso que tal medida só agora (ter) sido proposta.
3. Escusas de fingir que me não (compreender).
4. Evidentemente que ninguém (dar) por nós.
5. Quaisquer que (ser) os seus próprios sofrimentos, ela continua a sorrir.
6. Não faz mal que eu (falar)?
7. Teve a sensação de que ela (estar) a escutar por detrás da porta.
8. Assim que (dar) o seu nome, fizeram-no entrar.
9. Não tardará muito que se (reconhecer) que é necessário ir mais além do que hoje está previsto.
10. A rapariga interrompeu a conversa, como quem se (lembrar) duma coisa importante.

66. O emprego do conjuntivo

Substituir o infinitivo pelas formas correctas do presente do conjuntivo ou do futuro imperfeito do conjuntivo, segundo o sentido da frase:

1. Que acontecerá, se as referidas medidas se (revelar) ineficazes?
2. Mesmo que eu não (ir), tu podes ir.
3. Queres que eu (dizer) alguma coisa ao teu pai?
4. O que (haver) de dizer que o diga depressa.
5. Vai-te! Não quero que [eles] nos (surpreender) aqui.
6. Farei o que tu (mandar).
7. As informações que o senhor (dar) permanecerão confidenciais.
8. Não há nada que (poder) explicar a diferença.
9. Temos de ter muito cuidado, para que nada lhe (acontecer).
10. Eis o que tenho a dizer a quem (querer) ouvir.

67. O emprego do indicativo e do conjuntivo

Substituir o infinitivo pelas formas adequadas do indicativo ou do conjuntivo (nos tempos convenientes), segundo o sentido da frase:

1. Passaram-se horas, sem que ninguém (saber) dele.
2. Só entra às onze na repartição, de maneira que (ter) tempo de sobra.
3. Eu não disse que [tu] (poder) entrar!
4. Este tipo julga que eu (conseguir) dinheiro com a mesma facilidade que ele.
5. Era como se (estar) alguém atrás de mim a ditar as palavras.
6. Oxalá os resultados destas diligências oficiais (conseguir) resultados positivos.
7. Achamos um pouco estranho haver quem (defender) esta atitude.
8. Às vezes a melhor sorte que se (poder) ter é má sorte.
9. Mãe e filha, por muito que se (querer), são sempre duas gatas.
10. Falou-me assim que me (avistar), muito natural, como se me (conhecer) de longa data.

68. O emprego do conjuntivo

Substituir o infinitivo pelas formas adequadas do presente, do pretérito imperfeito ou do futuro imperfeito do conjuntivo, segundo o sentido da frase:

1. Talvez (ser) melhor explicar-se.
2. Resolverei esse problema quando (chegar) a altura.

3. Trata-a como se (ser) uma bonequinha de porcelana.
4. Ainda que o aumento anunciado (ter) sido modesto, a influência sentiu-se imediatamente.
5. Disse-lhe, num ímpeto de ciúme, que não (voltar).
6. Se [tu] (precisar) de alguma coisa, manda dizer.
7. Agradeço-lhe muito que me (querer) ajudar.
8. Ai do ministro que não (aceitar) as sugestões do presidente!
9. Bem (haver) tu pelo bem que me fizeste.
10. Fez-me sinal para que o (seguir).
11. Esta hipótese, ainda que (poder) parecer surpreendente, não pode ser inteiramente posta de parte.
12. Estranho que ele não me (responder).
13. O que sentirá a minha mãe, quando (saber)?
14. Não se pode deixar de gostar dele, ainda que não se (concordar) com o que está fazendo.

69. O emprego do indicativo e do conjuntivo

Substituir os verbos entre parênteses pelas formas correctas do indicativo (presente) ou do conjuntivo (presente, pretérito imperfeito ou futuro), segundo o sentido da frase:

1. É lógico que ela (ficar) zangada.
2. Não o faço, a não ser que [tu] me (ajudar).
3. É evidente que os serviços responsáveis não (estar) à altura da missão que lhes compete.
4. Volte o mais depressa que (poder)!
5. Não parece ser possível evitar que os rios (sair) dos seus leitos, quando as chuvas se (prolongar) por muitos dias.
6. Não gosto nada de que [tu] (andar) à noite sozinha por aí.
7. Toda a gente deseja que isto (acabar) depressa.
8. Pensa em mim aonde quer que (ir)!
9. Não há nada que eu não (fazer) por ti.
10. Dar-te-ei tudo que (desejar).
11. Quem me dera que a rapariga me (dizer) a verdade!
12. O juiz fez um gesto para que se (esperar).
13. Não ignoro quais (ser) as dificuldades.
14. Não há muitas línguas que se (poder) gabar de tão larga expansão.

70. O emprego do infinitivo pessoal

Substituir o infinitivo entre parênteses pela forma conveniente do infinitivo pessoal:

1. Está a perder-se o hábito de os homens (oferecer) flores às senhoras. Isso era antigamente.
2. Um certo snobismo leva os passageiros a (preferir) o comboio em vez do avião.
3. Talvez uma das principais razões por que a família está disposta a se reconciliar com o velho tio seja o facto de este (estar) muito mais doente do que se pensa.
4. O que verdadeiramente me magoa é tu (ser) capaz de dizer que eu não tenho nada a ver com isso.
5. Tu ainda não sabes bem o que queres nem o que dizes, apesar de te (julgar) muito esperto.
6. Cerrava os punhos, até as unhas lhe (penetrar) na pele.
7. Para informações complementares sobre estes produtos é favor (escrever) ou (telefonar) *(plural)* para a nossa fábrica.
8. Posso sentar-me? – Não sejas parvo. Desde quando é que precisas da minha autorização para te (sentar).
9. O melhor é eu (ser) sincero para consigo.
10. Não repitas o que eu digo! É um hábito que me irrita! – Desculpa. Não o fiz para te irritar. Ainda por cima não vale a pena (irritar)-te.
11. Nesse caso não vejo razão para [tu] (estar) tão triste.
12. Não quero falar mais consigo. – Porquê? – Porque não. Não adianta [nós] (discutir).
13. Acho melhor [nós] (mudar) de conversa.
14. Há que impedir os povos de se (combater) uns aos outros.
15. Pedimos-lhes a fineza de nos (escrever) na volta do correio.

71. O emprego do infinitivo pessoal

Substituir nas frases seguintes o conjuntivo pelo infinitivo pessoal:

1. É lógico *que eles pensem* doutra maneira.
2. É pena *que tu não estejas* disposto a fazê-lo.
3. Não julgo *que eles sejam* capazes duma coisa dessas.
4. É absolutamente necesssário *que* tais erros *não se repitam*.
5. Peço-lhe *que venha* falar comigo.
6. Não é muito provável *que achemos* uma solução adequada.

7. Quero terminar este trabalho, antes *que cheguem* os convidados.
8. Não posso deixar de aconselhar os meus alunos a *que estudem* mais.
9. Não lhes permito *que ofendam* este velho.
10. O ministro obriga os fabricantes a *que reduzam* os preços.

72. O emprego do infinitivo pessoal

Substituir os trechos grifados pelo infinitivo pessoal:

1. Parece *que não gostas*.
2. Partiram *sem que eu soubesse*.
3. O pior é *que eu não tenho* dinheiro.
4. Só tomo esta decisão *porque não tenho* outra.
5. Ninguém pode entrar nesta quinta *sem que seja* autorizado.
6. É permitido *que as lojas estejam* abertas sete dias na semana.
7. Não te largo *sem que me contes* tudo o que se passou!
8. É impossível *que eles cheguem* a tempo.
9. Parece *que* os prejuízos causados à agricultura *são* muito grandes.

73. O emprego do infinitivo pessoal

Substituir os verbos entre parênteses pela forma conveniente do infinitivo pessoal:

1. Creio que o senhor tem tanta influência que pode convencer as autoridades a (desistir) da investigação.
2. Não era costume [eles] (escrever)-me; mandavam apenas um cheque.
3. Talvez seja melhor sentar-se, minha senhora, para [nós] (poder) discutir o assunto.
4. O facto de [nós] não (trazer) bagagem facilita muito as coisas.
5. Essa coisa de os bons (ser) recompensados e os maus castigados é uma autêntica treta.
6. Os preços são altos demais para (poder) concorrer com os da maioria dos fornecedores estrangeiros.
7. A primeira consequência deste facto é a obrigação de os professores (ensinar) e de os escolares (estudar).
8. Encaradas as coisas por estes ângulos, parece não (existir) razões para nos (desanimar).
9. Pedi-te para me não (interromper)[1].

[1]) Embora muito usual, há quem considere preferível «pedi-te que não me interrompesses».

10. Na manhã seguinte, antes de nos (levantar), alguém bateu à porta.
11. É aconselhável para quase todos (ter) um passatempo que os absorva nas suas horas de folga.
12. Não tinha a menor ideia de como poderia ajudar os seus amigos a (alcançar) a liberdade.
13. Ninguém mais falou no resto da viagem de táxi até [nós] (chegar) ao hotel.
14. É uma estranha casualidade (achar)-nos aqui os três reunidos neste momento, não é?
15. Insisto em que o processo seja adiado até as testemunhas (poder) ser ouvidas.
16. As cartas comerciais têm por obrigação (ser) concisas e precisas.
17. Às vezes convenço-me de que as coisas já estão escritas muito tempo antes de realmente (acontecer).
18. Deveríamos levar as pessoas a (compreender) que o ruído é um verdadeiro perigo para a saúde.
19. Já pensou nos anos que vocês têm de esperar até à idade de (casar)?
20. Prendo-me demasiado às coisas de que gosto, a ponto de não (poder) pensar em mais nada.

74. O emprego do infinitivo pessoal e do infinitivo impessoal

Escolher entre o infinitivo pessoal e o infinitivo impessoal, segundo a exigência da frase:

1. Finges não (compreender) o que digo.
2. Depois de (comer), fomo-nos embora.
3. Fomo-nos embora depois de (comer).
4. Estamos muito contentes de (ter) feito esta viagem.
5. Ao (chegar) à cidade, vimos que todas as lojas estavam fechadas.
6. Ele mandou os filhos (estudar) leis.
7. Depois de [eles] (partir), arrumámos a casa.
8. Estamos dispostos a (lutar).
9. Os camponeses costumam (levantar) muito cedo.
10. Ao (receber) esta notícia, ficarão zangados.

75. O emprego do infinitivo impessoal

Substituir as construções grifadas pelo infinitivo impessoal:

1. *Quando desliguei,* ouvi-o *subindo* as escadas.
2. Ela não ocultou o seu prazer *quando recebeu* o presente.
3. *Quando deita* a cabeça no travesseiro, começa quase imediatamente a dormir.
4. Olhava em redor como *se procurasse* socorro.
5. *Quando notei* a expressão de angústia da pobre mãe, acabei por aceder.
6. Atravessou o corredor *correndo* e entrou na cozinha.
7. *Não sabendo* o que dizer, murmurei um muito obrigado.
8. Esse homem vive *cantando* o dia inteiro.
9. O orador continua *falando*.
10. *Se isso fosse* assim, é melhor desistirmos.

76. O emprego do infinitivo e do gerúndio com os verbos «ir» e «vir»

Escolher entre (1) gerúndio, (2) infinitivo e (3) a + infinitivo, segundo o sentido da frase:

1. O grande espectáculo ia (começar).
2. O tempo é tão pouco e vai (passar).
3. O meu pai veio (buscar)-me de automóvel.
4. Era isso que eu lhe ia (propor).
5. Apanhada de surpresa, ela ia (cair) na armadilha.
6. Vão (ser) horas de irmos embora.
7. Vim (saber) o que ele tinha dito.
8. Há meses que venho (dizer) isto.
9. Veio (ser) um dos médicos mais conhecidos da cidade.
10. Isto vem (dar) no mesmo.
11. Tenho realmente de ir (andar).
12. Ia (sair) quando ouvi a campainha.
13. Os ruídos do comboio vão (decrescer).
14. Disse-me que ia (sair) imediatamente.
15. A criada, que ia (sair), detém-se junto da porta.

77. O emprego dos verbos «ser» e «estar»

Inserir as formas convenientes dos verbos «ser» ou «estar», conforme convenha:

1. O doente ... fora de perigo.
2. Julgas que [eu] ... parvo ou que nasci ontem?
3. Onde ... as bebidas? – ... a chegar.
4. O apartamento ... *(imperfeito)* moderno e bem mobilado.
5. [Tu] ... hoje mal disposta.
6. O Pedro hoje não ... *(perfeito)* nos seus dias.
7. Já começa a ... frio.
8. Uma governanta olha pelos filhos enquanto eu ... ausente.
9. Coimbra ... no centro de Portugal.
10. Quando chegámos, já ... tarde demais.
11. O café ... quente.
12. O português ... uma das línguas mais faladas no Mundo.
13. Lá ... outra vez aquele homem!
14. Quantos ... *(imperfeito)* vocês? – [Nós] ... *(imperfeito)* três.
15. Aí ... a solução.
16. Será difícil convencê-lo do contrário. Ele ... muito cabeçudo.
17. O momento não ... para brincadeiras.
18. A vantagem ... do meu lado.
19. O risco ... sempre presente.

78. O emprego dos verbos «ser» e «estar»

Substituir os pontos pelas formas convenientes de «ser» ou «estar», conforme convenha:

1. Ela ... perto da exaustão.
2. O que depois se passou ... bem conhecido.
3. Isso podia ... perigoso.
4. ... na hora da escola, filhos!
5. [Eu] ... de partida para o Brasil.
6. ... tarde demais para explicações.
7. Qual ... a lição de hoje?
8. Que fria ... a água hoje!
9. Aqui ... proibido fumar.
10. Que dia do mês ... hoje?
11. O João ... um rapaz simpático.

12. A rua ... escorregadia por causa da neve.
13. O quarto ... perto da cozinha.
14. Já ... tudo pronto?
15. O Brasil ... na América do Sul.
16. O que ... para trás não me prende.
17. Que ... feito dela?
18. Ela ... *(imperfeito)* horrível, com a cara coberta pelo adesivo.
19. [Ele] nem sempre ... bem informado.
20. ... perto da hora do almoço.

79. O emprego dos verbos «ser» e «estar»

Inserir as formas convenientes dos verbos «ser» ou «estar», conforme a exigência da frase:

1. Pedro ... muito alto.
2. Pedro ... muito alto para a sua idade.
3. A rapariga ... muito linda.
4. A rapariga ... muito linda nesse vestido.
5. As crianças ... *(perfeito)* impossíveis o dia todo.
6. [Nós] ... todos amigos uns dos outros.
7. As crianças ... *(imperfeito)* pálidas de medo.
8. Não ... o teu dia de folga?
9. ... bom tempo.
10. Como tu ... mudada, Maria!
11. Isto não ... bom português.
12. O senhor não ... de cá, pois não?
13. O que é que ... errado?
14. O tempo ... péssimo.
15. Onde ... a sala de jantar?
16. As janelas ... muito sujas.
17. O solo ... congelado e duro como ferro.
18. Às vezes [ele] ... muito acanhado diante de estranhos.
19. Sob a luz, o seu rosto ... *(imperfeito)* pálido e abatido.
20. A como ... o café?
21. Ofereceu uma recepção de despedida que ... *(perfeito)* muito animada.

80. O emprego dos verbos «ser» e «estar»

Preencher os espaços com as formas convenientes de «ser» ou «estar», segundo o sentido da frase:

1. O que não tem remédio, remediado ...
2. Semanas depois, o incidente ainda ... *(imperfeito)* no meu espírito.
3. Nunca as coisas ... tão simples como parecem.
4. O momento não ... para vacilações.
5. Que é que lhe aconteceu para ... tão calado?
6. Disseram-lhe que [ele] não ... em casa.
7. Por quanto tempo ... válido o bilhete?
8. ... uma tarde bonita.
9. Há ruas onde o estacionamento não ... autorizado em caso algum.
10. ... conhecido como homem de temperamento frio.
11. O senhor ... conhecido por aqui?
12. A situação ... longe de ser risonha.
13. Lisboa .. situada na margem direita do Tejo.
14. Portugal ..., nos primeiros anos deste século, um grande exportador de laranjas.
15. Ele já ... cinco minutos atrasado.
16. Ainda não caiu a noite, mas já não ... dia.
17. [Tu] ... hoje mais bonita do que nunca.
18. O estádio ... *(imperfeito)* completamente cheio.
19. Ela ... *(imperfeito)* radiante de alegria.
20. A entrada ... livre.

81. O emprego dos verbos «ser» e «estar»

Substituir os pontos pelas formas convenientes de «ser» ou «estar», conforme convenha:

1. Ele olhou-me como se eu ... maluca.
2. Esta questão ainda não ... resolvida.
3. A tranquilidade ... *(perfeito)* de breve duração.
4. Quando cheguei a casa, ... tudo muito silencioso.
5. Porque ... [tu] hoje tão cerimonioso?
6. Este vestido ... muito mal feito.
7. Então que ... feito, homem?
8. Ela ... *(imperfeito)* visivelmente emocionada.
9. Que ingénuo que tu ...!

10. Não quero que te cases com esse homem. Ele ... muito velho para ti.
11. As condições do tempo no Inverno podem ... terríveis.
12. Ela ... muito boazinha.
13. Dizem os velhos que tudo ... mudado.
14. Ela finge ... interessada.
15. Recebeu a comunicação de que o carro ... pronto para entrega.
16. [Eu] ... com ele em tudo e por tudo.
17. Já posso entrar? – Ainda não, ... só um momento.
18. Onde ... o abre-latas?
19. [Tu] ... hoje muito amável!
20. Bem, o que ... feito, ... feito.

82. O emprego dos verbos «deixar», «mandar» e «fazer»

Inserir as formas convenientes dos verbos «deixar», «mandar» ou «fazer», conforme a exigência da frase:

1. Não se ... vencer pelo pânico! *(imperativo singular)*
2. A mãe ... chamá-lo. *(perfeito)*
3. Eu ... -lhes *(perfeito)* perceber que pouco me importava o que lhe acontecesse.
4. O discurso ... -me *(perfeito)* pouco menos que boquiaberto.
5. [Eu] ... parar o táxi e abro a porta.
6. Ela ... *(perfeito)* dizer que não vem.
7. À noite, os meus pais não me ... ir à esplanada.
8. Eu ... *(perfeito)* parar o motor e extingui as luzes.
9. Porque não me ... [tu] dormir?
10. Ela ... *(perfeito)* fazer um vestido novo para a festa.
11. A resposta dos militares não se ... *(perfeito)* esperar.
12. João ... *(perfeito)* cair o jornal da mão.
13. Não me ... [tu] esperar! *(imperativo)*
14. [Eu] ... *(perfeito)* vir uma chávena de café.
15. O herdeiro ... *(perfeito)* construir uma casa.

83. O emprego dos verbos «deixar», «mandar» e «fazer»

Substituir os pontos pelas formas convenientes de «deixar», «mandar» ou «fazer», conforme convenha:

1. O senhor ... -me perder a paciência!
2. Peço-lhe que ... reservar um quarto de casal.

3. ...-me [você] só acabar esta carta. (*imperativo*)
4. Este medicamento... baixar a febre.
5. Vá-se embora e...-me em paz!
6. Não nos... influenciar pelas desilusões! (*imperativo*)
7. Curioso, [eu]... (*perfeito*) girar a maçaneta.
8. [Eles]...-me (*perfeito*) esperar duas horas.
9. Foi difícil...-lo falar.
10. Era impossível não se... inspirar por um homem assim.
11. [Eles]...-no (*perfeito*) tropeçar no laço de uma corda.
12. ...-me olhar bem para ti! (*imperativo*)
13. Alguma coisa me há-de... rir.
14. Eu não me... pisar!
15. O que tu me... (*perfeito*) sofrer!

84. O emprego dos verbos «saber», «conhecer» e «poder»

Inserir as formas convenientes do verbo apropriado, conforme a exigência da frase:

1. Eu não sabia que o senhor... pilotar helicópteros.
2. [Eu]... o Brasil muito bem, porque vivi muito tempo lá.
3. O senhor... algum remédio contra a tosse?
4. Qualquer um... fazer isso; é fácil.
5. Não havia uma máquina sequer no estabelecimento, que ele próprio não ... manejar.
6. Ele... os riscos que terá de correr.
7. Não há estrada que eu não... em Portugal, de norte a sul.
8. Acontecem-me coisas que eu não... explicar.
9. Porque não... [tu] fazer o que os outros fazem?
10. Algum dos senhores joga xadrez? – [Eu]... mexer as pedras, pouco mais.

85. O emprego dos verbos «ter de/que», «haver de», «dever» e de «há que»

Inserir as formas convenientes do verbo apropriado, conforme a exigência da frase:

1. Agora é impossível recuar,... aguardar até ao fim.
2. Que... ser de nós?

3. [Ele] ... ter-se atrasado por qualquer motivo.
4. O senhor ... falar depressa.
5. O jornalista ... possuir uma ampla cultura geral.
6. [Nós] ... aceitar isso como inevitável?
7. Eu aprendi que se ... fazer o bem, sem olhar a quem.
8. As coisas acontecem como ... acontecer e ... aceitá-las assim.
9. Sempre gostei de ti e sempre ... gostar.
10. Porque ... (*imperfeito*) ser ele o bode expiatório?
11. Na vida às vezes [nós] ... fazer concessões mútuas.
12. A gente nunca ... perder a esperança.
13. Que ... pensar de mim? (*3a pessoa sing.*)
14. [Eu] ... arranjar outro emprego.
15. Um dia vocês ainda ... ver que isso é o mais importante.
16. ... ter havido alguma confusão.
17. Que horas são? – ... ser dez horas.
18. Comigo, ... dizê-lo, foi sempre amabilíssima.
19. Por que motivo [eu] ... dizer à polícia o que só a mim diz respeito?
20. O avião ... partir dentro de instantes.

86. O emprego dos verbos «ficar», «fazer», «tornar-se» e «pôr-se»

Inserir as formas convenientes do verbo apropriado, conforme a exigência da frase:

1. Cecília estremeceu e ... muito corada.
2. A vida ... (*perfeito*) insustentável.
3. A decisão ... (*perfeito*) adiada para meados do mês que vem.
4. Começa a ... impaciente.
5. A situação ... séria.
6. O Brasil ... independente em 1822.
7. O Brasil ... independente sem derrame de sangue.
8. Começa a ... muito calor.
9. Ela já ... (*perfeito*) dezanove anos.
10. A sua expressão ... (*perfeito*) triste.
11. A minha mãe ... viúva, tinha eu seis anos.
12. Ela ... (*perfeito*) gelada ao ouvir isso.
13. Não sei o que foi ... (*particípio*) deles.
14. O homem ... (*perfeito*) vermelho de cólera.
15. É como um sonho ... (*particípio*) realidade.

87. O emprego do verbo «haver»

Dar os diferentes sentidos do verbo haver (p.ex.: não houvemos as informações necessárias = não conseguimos as informações necessárias):

1. Os aviões *haviam* regressado às suas bases.
2. Desta vez não *houve* contratempo algum.
3. *Havia* muito que te perdera de vista.
4. *Havia*-se esquecido que telefonara.
5. *Há* tanta gente desonesta!
6. O ministro *houve por bem* considerar o meu pedido.
7. Por fim *houveram* o que desejavam.
8. Os soldados *houveram-se* com muita bravura.
9. Nesta rua *houve* ontem dois desastres.
10. Todos os habitantes *haviam* abandonado a cidade.
11. *Houvemos por* suficiente a sua explicação.
12. Amanhã *haverá* uma festa em casa dos vizinhos.
13. Não *haverá* muitas pessoas que estejam dispostas a fazê-lo.
14. *Havia* seis anos que não nos víamos.
15. Em matéria de defesa do território nacional *não há* transigir.
16. Até os médicos *haviam* o ferido *por* morto.
17. Quem ofender a minha amiga, *comigo se haverá*!
18. No ano passado *houve* muitos acidentes de viação.
19. Os filhos *houveram* a fábrica do seu pai.
20. Que *há-de* ser de nós?

II. O substantivo e o artigo

88. O género dos substantivos

Indicar o género dos substantivos seguintes:

... júri
... ardina
... tribo
... sé
... lei
... divã
... cal
... cútis
... dieta
... mapa
... totobola

... velhice
... cárcere
... fome
... sangue
... arroz
... cruz
... cartaz
... giz
... sótão
... chá
... herói

... chaminé
... lã
... árvore
... lume
... vale
... moto
... ordem
... programa
... foto
... pá
... cor

89. O artigo definido

Pôr o artigo definido em lugar dos pontos:

1. ... carro está na garagem.
2. ... comboio vai partir.
3. ... Portugueses bebem muito vinho.
4. Amsterdão é ... capital dos Países Baixos.
5. ... amiga de Gonçalo é simpática.
6. Eles passam ... férias em Portugal.
7. ... táxi pára em frente da casa.
8. ... gasolina é cara.
9. Tenho ... pés fatigados.
10. Onde está ... meu livro?
11. ... viagem é longa.
12. ... sinaleiro regula o trânsito.
13. Tens ... chaves do armário?
14. ... feijão é um alimento nutritivo.
15. ... água está fria.

90. O artigo indefinido

Pôr o artigo indefinido em lugar dos pontos:
1. ... desgraça nunca chega só.
2. Lisboa é ... cidade movimentada.
3. João é ... rapaz muito esperto.
4. O Brasil é ... país muito grande.
5. O meu tio tem ... capital de dez mil contos.
6. Tem ... cigarro para mim?
7. A Alemanha é ... nação muito importante.
8. Tenho ... casa em Lisboa.
9. Trás-os-Montes é ... província portuguesa.
10. Tenho ... bom dicionário.

91. A formação do feminino

Formar o feminino dos substantivos seguintes:

o juiz	o cidadão	o poeta
o vendedor	o alemão	o galo
o doutor	o solteirão	o ladrão
o actor	o espertalhão	o cão
o imperador	o cliente	o rei
o embaixador	o hóspede	o herói
o judeu	o gigante	o rapaz
o europeu	o príncipe	o sacerdote
o patrão	o conde	o monge
o leão	o cônsul	o avô
o campeão	o frade	o tigre

92. Contracção do artigo com as preposições a, de, em e por

Contrair, se for necessário, as palavras grifadas:
1. Tenho uma casa *em o* centro *de a* cidade.
2. O empregado dá o dinheiro *a o* patrão.
3. Chegou *por as* duas horas.
4. Vou jantar com os pais *a as* quintas-feiras.
5. Voltará dentro *de um* mês.
6. Saíram *por o* corredor.

7. É preciso que ela vá *a a* cidade.
8. Renovei a minha assinatura *de o* Tempo.
9. O engenheiro trabalha *em uma* fábrica.
10. O meu amigo mora *em os* arredores de Lisboa.
11. Não recebi nenhuma carta *de os* meus amigos.
12. Parto amanhã *por a* manhã.
13. O livro é *de o* professor.
14. Há muitas edições *de Os* Lusíadas.
15. Envergonho-me *de o* ter dito.
16. Sentou-se *em um* canto *de a* sala.
17. O facto *de o* senhor ter escrito esta carta não prova nada.
18. Li esta notícia *em A* Capital.
19. *Por o* professor estar doente, os alunos regressaram a casa.
20. A resposta veio *em a* forma *de uma* interrogação.

93. O género dos substantivos

Indicar o género dos substantivos seguintes:

... cicerone	... avião	... dó
... Mosa	... mulherão	... sanduíche
... catedral	... confusão	... hélice
... satélite	... pombal	... lápis
... alaúde	... cais	... norte
... dor	... verão	... hífen
... colher	... atlas	... caixote
... dente	... amante	... rês
... nariz	... cúmplice	... arte
... à-vontade	... contrário	... cônjuge
... alerta	... contra	... cinco
... vaivém	... mal	... democrata
... duche	... alarme	... pós-guerra
... ladrar dos cães	... quebra-luz	... sucursal
... personagem	... herege	... cabecilha
... mão	... mártir	... telefonema

94. Uso do artigo definido

Inserir, se for necessário, o artigo definido:

1. Eu poderia hospedá-lo em ... minha casa.
2. Deu-me ... boas-tardes com o seu sorriso mais amável.
3. Nós, ... portugueses, sabemos bem como isto é verdade.

4. ... prometido é devido.
5. ... pobreza não é vileza.
6. São ... duas horas em ponto.
7. Faltam quinze minutos para ... quatro.
8. Apetece-lhe ... presunto com ovos?
9. Eram ... quatro e meia.
10. Já passa de ... três.
11. Procurei-te por toda ... parte.
12. Não sabe nada a ... seu respeito.
13. Tudo virá a ... seu tempo.
14. Regressei a casa a ... meia-noite.
15. Estou em ... casa todo ... dia.
16. Ambos ... modos de dizer estão certos.
17. ... arroz é branco.
18. Sei lá, ... minha filha!
19. Tenho de ir falar com ... tal doutor.
20. Em todos ... rostos se nota a mesma interrogação.
21. Ela tem ... olhos azuis.
22. Tenho ... mãos frias.
23. Todos ... três ficaram em casa.
24. Deixa o caso por ... minha conta!
25. Que te parece ... Manuela?
26. ... ociosidade é ... mãe de todos ... vícios.
27. A maioridade alcança-se a ... vinte e um anos.
28. Todas ... três semanas janto em casa dos pais.
29. Estas despesas correm a ... meu cargo.
30. Agradeceu, em ... nome de todos, a honra da visita.

95. O plural dos substantivos

Formar o plural dos substantivos seguintes:

o homem	o deficit	o espião
o café	o superavit	o grão
o portal	o hífen	o cálix
o ardil	a lição	o tórax
o túnel	a mão	o sílex
o cônsul	o órgão	a cal
o arrais	o verão	o aval
o vírus	o pão	o líquen
o papel	o botão	o irmãozinho

o mal	o capitão	o pezito
o freguês	o corrimão	o paizinho
o farol	o aldeão	o hotelzinho
o projéctil	o vulcão	o animalzinho
o oásis	o guardião·	o cãozinho
o carácter	o alemão	o papelzinho

96. Uso do artigo indefinido

Inserir, se for necessário, o artigo indefinido:

1. Dá-me . . . boleia?
2. Esforçou-se por não fazer . . . má figura.
3. Partira . . . dias antes, sem deixar qualquer rasto.
4. Não é legítima . . . tal exigência.
5. O senhor anda com . . . modos de falar muito esquisitos.
6. . . . grande parte dos acidentes é devida ao excesso de velocidade.
7. . . . certo senhor Santos contou-me esta história.
8. Pedro é . . . bom nadador.
9. À sua frente estava o porteiro, de . . . farda cinzenta.
10. Telefonei para a polícia, que chegou . . . minutos depois.
11. O João tem . . . nervos de aço.
12. Esvaziou o copo em . . . meia dúzia de tragos.
13. Não tenho . . . outro remédio senão esperar.
14. Vamos, seja . . . boa rapariga!
15. A rapariga abriu . . . olhos assustados.
16. Não tem o direito de dizer . . . semelhante coisa!
17. A vítima está no chão sem dar . . . sinal de vida.
18. É necessário não se repetirem . . . tais erros.
19. Sentiu . . . tal pavor que quase morreu.
20. Está . . . belo tempo.
21. Ele queria ser . . . pintor e acabou . . . industrial.
22. Não se pode escolher . . . outra coisa?
23. No fundo não é . . . má pessoa.
24. Leu a carta em . . . voz alta.
25. Jamais ouvi . . . argumento tão absurdo.
26. O professor fala com . . . voz calma.
27. Teve . . . tal acesso de riso que caiu no sofá.
28. A que devo . . . tamanha honra? – perguntou em . . . tom de brincadeira.
29. Está com . . . cara de quem fez um bom negócio.
30. A manobra apresentava . . . certa dificuldade.

97. O feminino dos substantivos

Formar o feminino dos substantivos seguintes:

o homem	o cavalo	o padrasto
o macho	o carneiro	o padrinho
o marido	o touro	o pai
o genro	o bode	o gamo

98. O plural dos substantivos

Formar o plural dos substantivos seguintes e indicar se o timbre da vogal tónica no singular (o fechado) muda no plural:

o abrolho	o coche	o esposo
o almoço	o corpo	o estojo
o bolo	o desporto	o fogo
o bolso	o esboço	o gosto
o caroço	o escolho	o jogo
o jorro	o ovo	o povo
o miolo	o poço	o restolho
o moço	o porco	o rosto
o morro	o porto	o socorro
o olho	o posto	o tijolo

99. Uso do artigo

Inserir, se for necessário, o artigo definido ou indefinido, segundo a exigência da frase:

1. A rapariga fala ... português.
2. Faz favor de traduzir esta carta em ... espanhol.
3. Este homem é ... grande comerciante.
4. Não há ... outra explicação.
5. O pai preocupado anda dum lado para ... outro.
6. Estou convencido de que ... tal rapariga era ela.
7. Que se passa com ... Tavares?
8. Não digas isso com ... ar de vítima.
9. Estamos a ... cinco de ... Janeiro.
10. Temos ... consciência tranquila.

11. Não encontrarão no mundo . . . mulher mais perfeita.
12. Limitou-se a olhá-lo, sem proferir . . . palavra.
13. Que . . . má sorte!
14. . . . doutor Miranda mudou de casa.
15. . . . café é . . . bebida que dá energia.

100. O plural dos substantivos compostos

Formar o plural dos seguintes substantivos compostos:

o mestre-escola
o café-restaurante
a estrela-do-mar
a terça-feira
a má-língua
o grão-mestre
o salvo-conduto
o homem-rã
o guarda-nocturno
o cavalo-marinho
o guarda-chuva
o ano-luz
o pisca-pisca
o arranha-céus
o lugar-comum

o recém-nascido
o ex-presidente
a obra-prima
o padre-nosso[1])
o saca-rolhas
o conta-quilómetros
a guerra-relâmpago
a prisão-modelo
a posição-chave
o guarda-costas
o cavalo-vapor
o director-geral
o carro-patrulha
o democrata-cristão
a ave-maria

101. Uso do artigo definido com os nomes geográficos

Inserir, se for necessário, o artigo definido:

1. . . . Portugal tem fronteiras terrestres com . . . Espanha, a . . . norte e a . . . leste, e marítimas, a . . . oeste e a . . . sul, com o Oceano Atlântico.
2. . . . Madeira tem um relevo muito montanhoso.
3. . . . Angola situa-se a . . . sul do equador, em . . . África Ocidental.
4. . . . Maputo é a capital de . . . Moçambique.
5. . . . Guiné situa-se na costa ocidental do continente africano.
6. Que se passa em . . . Andorra?
7. . . . Porto é a segunda cidade de . . . Portugal.

[1]) Também: pai-nosso.

8. Em . . . Algarve abundam os turistas.
9. Muitos turistas vêm de . . . Inglaterra e de . . . França.
10. Passei as férias em . . . Espanha, na província de . . . Navarra.
11. O Estado de . . . São Paulo é do tamanho da República Federal de . . . Alemanha.
12. . . . Rio de Janeiro está situado no Estado de . . . Guanabara.
13. . . . Curitiba é a capital de . . . Paraná.
14. Ela é de . . . Cuba.
15. . . . Salvador foi a primeira capital de . . . Brasil.
16. . . . Mato Grosso é maior do que . . . Colômbia, . . . Venezuela ou . . . Chile.
17. . . . Florianópolis, . . . capital de . . . Santa Catarina, é uma cidade com lindas praias.
18. O aeroporto de . . . Porto Alegre é muito movimentado.
19. Em mais da metade de . . . Minas Gerais o clima é temperado.
20. . . . Bahia tem grandes riquezas minerais.
21. Quase todo o território de . . . Pará está coberto por densas florestas.
22. O clima de . . . Sergipe é quente e húmido no litoral.
23. . . . Lisboa de hoje é muito diferente.
24. . . . Brasília é a cidade mais moderna do Mundo.
25. A cidade de . . . Recife, capital do Estado de . . . Pernambuco, foi tomada pelos Holandeses no século dezassete.
26. . . . Finlândia limita a . . . norte com . . . Noruega e a . . . leste com . . . União Soviética.
27. Em . . . Estremadura e sobretudo em . . . Alentejo, os Verões são quentes e secos em excesso.
28. O Estado de . . . Israel fica em . . . Próximo Oriente.
29. Munique é a capital de . . . Baviera.
30. Depois da guerra de . . . Balcãs, . . . Sérvia obteve . . . Macedónia.
31. . . . Paraguai é uma das duas nações centrais de . . . América de . . . Sul.
32. . . . Irão é limitado a . . . oeste por . . . Iraque e . . . Turquia.
33. Manaus, capital de . . . Amazonas, é um porto importante.
34. . . . Portugal do Sul goza de um clima delicioso.
35. . . . Marrocos é limitado a . . . sul e a . . . sudeste por . . . Sara.

III. O adjectivo

102. Adjectivos uniformes e biformes

Indicar quais os adjectivos biformes e dizer a sua forma feminina:

bonito	pedrês	falador
alemão	espanhol	pior
beirão	andaluz	notável
anterior	canadense	judeu
comum	azul	ateu
loquaz	trabalhador	ruim
cristão	bom	espertalhão
montês	mau	charlatão
cru	simples	reles
só	burguês	capaz
cortês	tricolor	brincalhão
europeu	camponês	parvo
português	exterior	são

103. Flexão do adjectivo em género e em número

Pôr os adjectivos entre parênteses nas formas correctas:

1. A porta está (aberto).
2. Esses cigarros são muito (bom).
3. Eis algumas sugestões (útil).
4. As crianças (pequeno) aborrecem-se facilmente em viagens (longo).
5. As assinaturas poderão ser (semestral) ou (anual).
6. A mãe tem (inteiro) razão.
7. É uma questão de (meio) hora.
8. Ela tem os olhos (cansado).
9. Mudaram-se para uma casa (melhor) em (outro) cidade.
10. Não se trata de saber se esta solução é (bom) ou (mau).
11. Despertou numa cama de ferro, no meio de um quarto pequeno de paredes (nu) e (branco).

12. A (longo) viagem deixou-nos incrivelmente (sujo).
13. O orador falou perante uma assistência (numeroso) e (atento).
14. Algumas dessas explicações são (válido).
15. As relações entre trabalhadores e patrões são (óptimo).

104. Locuções adjectivas

Substituir as locuções grifadas pelos adjectivos equivalentes:

uma vontade *de ferro*
um programa *de televisão*
a religião *de Cristo*
o frio *do inverno*
a poluição *da atmosfera*
a indústria *de automóveis*
uma cidade *de província*
os raios *do Sol*
o amor *dos filhos*
a luz *da Lua*

um período *de estágio*
a fase *de início*
uma companhia *de petróleo*
um trabalho *de rotina*
campanhas *de publicidade*
as tentativas *da ONU*
as cotações *da Bolsa*
o tecido *dos pulmões*
fogos *de artifício*
uma viagem *no Outono*

105. Particularidades de pronúncia na flexão de alguns adjectivos

Dizer quais os adjectivos que mudam o o tónico fechado em o aberto no feminino e no plural (masculino e feminino):

coxo	morto	roto
fofo	novo	roxo
gordo	oco	todo
grosso	perigoso	tolo
moço	posto	torto
morno	precioso	torvo

106. Adjectivos derivados de substantivos e verbos

Completar as frases abaixo indicadas com o adjectivo conveniente:

1. Um animal que tem fome é um animal ...
2. Um artista que tem fama é um artista ...
3. Um espectáculo que emociona é ...
4. Um país que tem muita indústria é um país ...

5. Uma pessoa que tem orgulho é uma pessoa ...
6. Uma tradução que se faz com facilidade é uma tradução ...
7. Um objecto que brilha é um objecto ...
8. Um lugar onde reina tranquilidade é um lugar ...
9. Uma obra que impressiona é uma obra ...
10. Uma cadeira que pode girar é uma cadeira ...
11. Um livro que interessa é um livro ...
12. Um artigo que escasseia é um artigo ...
13. Os produtos que não se podem vender são ...
14. Um trabalho feito à mão é um trabalho ...
15. As coisas que causam horror são coisas ...

107. Colocação do adjectivo na frase

Pôr o(s) adjectivo(s) grifado(s) no lugar apropriado:

1. *duro – novo*
   A perda representou um ... golpe ... para o ... governo ...
2. *certos*
   Até os ... fregueses ... deixaram de lhe telefonar.
3. *próprios*
   Cada um tem de resolver os seus ... problemas ...
4. *primeira*
   A sua ... tentativa ... foi um desastre.
5. *sinceros*
   Dou-te os meus ... parabéns ...
6. *terrível*
   Senti um ... remorso e vergonha ...
7. *múltiplos*
   O presente trabalho enfrenta ... problemas ...
8. *sincero*
   Um ... elogio ... vale o seu peso em ouro.
9. *simples*
   Não se trata de ... retórica ...
10. *grande*
    Sentámo-nos a uma ... mesa ...
11. *certa*
    Há uma ... afabilidade ... na sua maneira de se exprimir.
12. *grande*
    Tinha por ele até uma ... admiração ...

13. *mera*
    Isso deve ser apenas ... coincidência ...
14. *simples*
    Não se julgue mal desta ... gente ...
15. *gélido*
    A sugestão foi recebida com ... silêncio ...
16. *verdadeira*
    Esta é uma ... história ...
17. *ocular*
    Uma ... testemunha ... descreveu a cena.
18. *perfeita*
    Em poucos segundos adquiriu a ... compreensão ... do que ocorria.
19. *desastrosas*
    Isto pode ter ... consequências ...
20. *pedidos*
    Ainda não recebemos os ... artigos ...

108. Locuções adjectivas

Substituir as locuções grifadas pelos adjectivos equivalentes:

o exército *de terra*
uma província *do Reno*
uma audiência *do Papa*
a indústria *de papel*
uma melhoria *do salário*
a campanha *do açúcar*
o azul *do céu*

o amor *da mãe*
um voo *no Espaço*
os fregueses *de hábito*
as empresas *do porto*
a rebeldia *dos jovens*
o palácio *do rei*
uma doença *do coração*

109. Formas sincopadas de alguns adjectivos

Indicar a forma correcta do adjectivo entre parênteses:

(Cento) quilómetros.
(Santo) Paulo.
(Santo) Henrique.
(Santo) Domingos.
(Santo) Tomás.
(Santo) Tirso.
(Santo) Antão.
(Santo) João.

(Santa) Ana.
A (Santa) Família.
O (Santo) Padre.
O (Grande) Ducado.
O (grande) vizir.
O (grande) mestre.
A (Grande) Bretanha.
A teu (belo) prazer.

110. Colocação do adjectivo na frase

Pôr o(s) adjectivo(s) ou advérbio + adjectivo no lugar apropriado:

1. *muito grande*
   O Brasil é um ... país ...
2. *mais vivo*
   Com o ... interesse ... tomámos conhecimento da sua proposta.
3. *mais inoportuno*
   Veio procurar-me no ... momento ...
4. *vago – cínico*
   Um ... sorriso ... estampa-se no rosto dele.
5. *mais rigoroso*
   Esta companhia trabalha debaixo do ... segredo ...
6. *simpática e inteligente*
   Gosto muito dela: é uma ... rapariga ...
7. *velhos e salutares*
   Há ... costumes ... que estão a desaparecer.
8. *grande – comercial*
   É gerente duma ... firma ...
9. *quente e húmido*
   Um ... vento ... varreu a cidade.
10. *maquinal e instintivo*
    Ajeitou os cabelos num ... gesto ...

111. Adjectivos derivados de substantivos e verbos

Completar as frases abaixo indicadas com o adjectivo conveniente:

1. Uma prova que resulta das declarações de testemunhas é uma prova ...
2. As perguntas a que se não pode dar resposta são ...
3. O que não pode ser substituído é ...
4. Água que contém sal é água ...
5. Um partido que conta com a maioria dos eleitores é um partido ...
6. Um jornal que aparece de manhã é um (jornal) ...
7. Um terreno que contém ouro é um terreno ...
8. Os peixes que vivem nos rios são peixes ...
9. A roupa que se usa aos domingos é roupa ...
10. O ano em que termina o século é um ano ...
11. Um partido que conta com a minoria dos eleitores é um partido ...
12. Uma carta que se envia por avião é uma carta ...

13. Um problema que se não pode resolver é um problema . . .
14. Um veneno que causa a morte é um veneno . . .
15. Água que ferve é água . . .

112. Concordância do adjectivo com o substantivo

Pôr as palavras entre parênteses na devida forma (masculina ou feminina; singular ou plural):

1. Dedica-se ao estudo das línguas (inglês) e (alemão).
2. Realizou-se o primeiro encontro dos professores (do ensino) superior e secundário de língua e literatura (português).
3. É (conhecido) a exagerada tendência para o emprego de palavras estrangeiras.
4. Será (necessário) uma nova experiência.
5. É preciso modificar (o parágrafo) (segundo) e (terceiro).
6. Ainda não compareceram o terceiro e quarto (outorgante).
7. (Muito) raparigas e rapazes participam no concurso.
8. O mar e a praia são (delicioso).
9. É (preciso) cautela no que se diz.
10. É (preciso) a perseverança.
11. São (necessário) a perseverança e o estudo.
12. É (preciso) a perseverança e o estudo.
13. Esta cidade tem (muito) casas e edifícios (alto).
14. As laranjas e os limões são muito (bom) para a saúde.
15. O ministro falou sobre as medidas (económico) e (social) do governo.

113. Locuções adjectivas

Substituir as locuções grifadas pelos adjectivos equivalentes:

a cidade *de nascimento*
a vida *de palácio*
os países *do Norte da Europa*
paixões *sem freio*
empresas *do Estado*
o trabalho *de todos os dias*
as tarefas *de escola*

a vida *dos monges*
a influência *do clima*
a brisa *do mar*
uma verba *do orçamento*
a disciplina *do partido*
a maioria *no parlamento*
uma beleza *de anjo*

114. Formação do feminino e do plural dos adjectivos compostos

Pôr os seguintes adjectivos compostos na forma correcta:

olhos *castanho-escuro*
ciências *económico-social*
armas *químico-biológico*
a fronteira *germano-polaco*
a amizade *luso-brasileiro*
uma mulher *surdo-mudo*
saias *azul-marinho*
sapatos *verde-oliva*

árvores *verde-escuro*
vestidos *cor-de-laranja*
crianças *mal-educado*
cabelos *vermelho-dourado*
as relações *nipo-chinês*
as relações *ítalo-português*
luvas *azul-pavão*
a oposição *cristão-democrático*

IV. O advérbio

115. Formação dos advérbios de modo

Formar advérbios dos adjectivos entre parênteses:

1. Ele acenou (afirmativo).
2. Trata-se de um problema (extremo) complexo.
3. Senti, (súbito), uma sensação estranha de alívio.
4. O ataque deteve (temporário) o inimigo.
5. (Feliz), nada de mau aconteceu.
6. (Final), compreendeu o sentido que havia naquilo.
7. Esta criança come muito (mau).
8. Acho que o senhor procedeu (bom).
9. A lei entrará (imediato) em vigor.
10. A rapariga começou a chorar (manso).
11. A dor começou a desaparecer (rápido).
12. A situação compreende-se (fácil).
13. Valeria (real) a pena entrar?
14. Encaminham-se (vagaroso) para o jardim.
15. O raciocínio só (aparente) é exacto.

116. Substantivo regido de preposição em lugar de advérbio

Substituir o adjectivo pelo devido substantivo precedido de preposição:

1. Encolheu os ombros, (desdenhoso), e não respondeu.
2. Pousou a cabeça nas mãos e orou (silencioso).
3. Olhou-me (desconfiado).
4. Falou-me (secreto) ao ouvido.
5. A porta foi fechada (estrondoso).
6. (Desajeitado), ele evitou o meu olhar.
7. Trabalha (concentrado), (preciso) e (silencioso).
8. Encarou-me (assombroso).
9. Quer que lhe fale (franco)?
10. Fala (rápido) e (exacto).

117. Locuções adverbiais

Dar o significado das locuções adverbiais em grifo:

1. O ladrão foi apanhado *em flagrante*.
2. Atrasei-me *de propósito*.
3. O velho levantou-se *a custo*.
4. O senhor pode falar *à vontade*.
5. A doente falou *a meia voz*.
6. Olhou *de soslaio* para a rapariga.
7. Ele emagrece *a olhos vistos*.
8. Chegou *a são e salvo* ao seu destino.
9. Abriu a janela *de par em par*.
10. Correu tudo *às mil maravilhas*.

118. Formação dos advérbios de modo

Formar advérbios dos adjectivos entre parênteses:

1. Esta decisão não tranquiliza (completo) a opinião pública.
2. O momento parece ter sido (particular) (mau) escolhido.
3. Os carros avançavam (lento), pára-choque com pára-choque e faróis acesos.
4. É uma pergunta (incrível) difícil de responder.
5. O homem levantou-se de repelão e nós recuámos quase (simultâneo).
6. Teimava (cortês) em mostrar-me a cidade.
7. Percebi (perfeito) a armadilha.
8. Todas essas opções foram (longo) e (detalhado) estudadas.
9. Ambos pensam (rápido) e (sistemático).
10. Os países (técnico) e (cultural) mais avançados ainda continuam apegados a esse método.

119. Adjectivo (invariável e variável) em lugar de advérbio

Modificar, se for preciso, as palavras entre parênteses ou indicar as variantes:

1. (Só) desejo que ela volte depressa.
2. Vá embora! – gritou a mulher, (meio) zangada, (meio) aterrada.
3. Gostei (imenso) de cá estar.
4. Fale (baixo), que ele pode ouvir.
5. Quando lhe contou o que sucedera, olhou-a (incrédulo).

6. (Desajeitado), o rapaz começou a abrir os embrulhos.
7. Ela soluçou (alto), sem lágrimas.
8. Ela e a mãe vivem (sozinho) numa casa alugada.
9. A pobre mulher estava (todo) assustada.
10. A garrafa está (meio) vazia.
11. Ele respirou (fundo), antes de responder.
12. O dia amanheceu (límpido), (claro) e (quente).
13. Os produtos de boa qualidade custam (caro).
14. Não compreendo por que razão vendeste a máquina tão (barato).
15. (Súbito), o silêncio foi abalado.

120. Os advérbios «sempre» e «depois»

Explicar o significado dos advérbios grifados:

1. A resposta chegou alguns dias *depois*.
2. Ora *sempre* gostava de ver isso!
3. *Sempre* queres ir a Portugal?
4. E *depois*, damo-nos muito bem.
5. Apesar de tudo *sempre* sou seu amigo.
6. O meu pai trabalha *sempre*.

121. Locuções adverbiais

Dar o significado das locuções grifadas:

1. A rapariga gritou *a todo pulmão*.
2. Os namorados encontraram-se *às furtadelas*.
3. Não quero que o faças *pela(s) calada(s)*.
4. Ela segue os meus conselhos *às cegas*.
5. O segundo volume será publicado *a breve trecho*.
6. Este homem nunca faz nada *de borla*.
7. O motorista escapou *por um triz*.
8. Atirou a pedra *à queima-roupa*.
9. Todos os presentes começaram a falar *à uma*.
10. É o que se murmura por aí *à boca pequena*.

122. Verbos em substituição de advérbios

Explicar o significado dos verbos grifados:

1. O homem soergueu-se na cadeira, mas *voltou a* sentar-se.
2. *Acontece* que aquele era o único quarto com telefone.
3. *Tornou a* descansar e acendeu um cigarro.
4. *Não tardou em* chegar ao ponto principal da sua visita.
5. As precauções agora tomadas *acabarão por* desaparecer.
6. *Costumo* fumar charutos.
7. *Veio a* saber o que eu tinha feito.
8. *Ia* anoitecendo.
9. *Começou por* fazer uma chamada telefónica.
10. *Acertou de* aparecer nesse instante.
11. Os convidados *acabam de* chegar.
12. O aluno *deixou de* assistir às aulas.
13. *Vinha* amanhecendo.
14. Já *tornaste a* ver aquela miúda que te convidou para dançar?
15. *Acabou por* voltar cada um pacatamente para sua casa.

123. Os advérbios «aqui» e «cá»

Inserir a palavra adequada:

1. Eu gostei imenso de a ver ...
2. ... e acolá há mesmo alguns pequenos palácios e residências do século dezassete.
3. Não é possível dar ... pormenores.
4. ... por mim estou satisfeito.
5. O que o traz por ...?
6. ... tem, minha senhora.
7. O senhor fica por ... muito tempo?
8. De ... a quinze dias estarei de volta.

124. Os advérbios «aí» e «lá»

Inserir a palavra adequada:

1. Vocês estão bem por ...?
2. Toma ...!

3. Espere...!
4. Sei...!
5. Que está a fazer... no escuro?
6. Deixe... o rapaz divertir-se!
7. Passam-se às vezes semanas que... não vou.
8. Acredite-me, não ficará por...
9. Já... vão muitos anos.
10. ... está porque não quero falar com ele.

125. Locuções adverbiais

Explicar o significado das locuções grifadas:

1. O ferido arrastou-se para o rio e bebeu *de bruços*.
2. A carta estará dactilografada *num abrir e fechar de olhos*.
3. Na semana passada choveu *a cântaros*.
4. Fiz o erro de tomar a declaração *à letra*.
5. Foi a primeira noite desta semana que dormi *à perna solta*.
6. O aluno respondeu *à toa* às perguntas do professor.
7. Explicou *a traços largos* os riscos da sua missão.
8. Senti-me como se apanhasse um soco *à queima-roupa*.
9. A notícia veio tão *de chofre* que nem consegui medir todo o seu alcance.
10. Cerca de dez minutos depois, bateram *de mansinho* à porta.

V. O comparativo e o superlativo

126. Comparativo de igualdade

Completar as frases abaixo indicadas:

1. Neste caso sou ... responsável ... ele.
2. Estou ... interessado ... tu neste plano.
3. Veremos se é assim ... fácil ... queres fazer crer.
4. Em português, o adjectivo ... pode ir antes ... depois do substantivo.
5. ... repentinamente ... havia começado, o tiroteio pára.
6. Eles falam português ... bem ... alemão.
7. Tu tens ... bagagem ... eu.
8. O aluno comprou ... livros ... o professor.
9. Bem vistas as coisas, ela sofre ... ... eu.
10. A tentação das riquezas materiais é ... poderosa ... só raros lhe resistem.

127. Comparativo de superioridade

Completar as frases seguintes:

1. Eles possuem mais ... pensam.
2. A procura de bens é (alto) à oferta.
3. Depois de ele ter esperado mais ... duas horas, resolveu partir.
4. São mais ... horas, levanta-te!
5. Julga-se ... inteligente e competente ... ninguém.
6. Quanto ... a minha mão hesita, ... a outra insiste.
7. É muito jovem, talvez ainda mais ... parece.
8. As propinas que os alunos pagam não representam mais ... uma pequena fracção daquilo que os seus estudos custam ao Estado.
9. Conversámos mais ... duas horas, fechados no carro.
10. Os aumentos de salários foram mais ... anulados por uma lenta e persistente inflação.

128. Comparativo de igualdade

Completar correctamente as frases abaixo indicadas:

1. A comida é ... abundante ... deliciosa. (*estilo literário*)
2. Desejo felicitá-lo pela ... justa ... merecida vitória. (*estilo literário*)
3. A irmã é ... estudiosa, ... o irmão é preguiçoso. (*estilo literário*)
4. Senti-me ... mal ... não me importava de morrer.
5. A troca foi ... perfeita ... até eu tinha sido logrado.
6. Está magro ... parece o mesmo rapaz.
7. A filha mais velha é nervosa ... a mãe.
8. Está contente ... um rato.
9. A princípio aguentou-se ... pôde.
10. Este automóvel é ... o meu.

129. Comparativos de superioridade e de inferioridade

Completar correctamente as frases abaixo indicadas:

1. ... quer imitá-la, (tanto) mais ridículo fica.
2. Os recentes incidentes são muito ... importantes ... em geral se pensa.
3. Parecia ... bonita ... nunca.
4. Nada menos ... sete por cento da população trabalhadora está desempregada.
5. Demoraram menos ... uma hora na viagem até Alenquer.
6. ... pobre e feliz, ... rico e desgraçado.
7. Para certas classes trabalhadoras há (grande) oferta de lugares ... procura de empregos.
8. Este comerciante ganhou mais ... dez mil marcos.
9. Este carro é (bom) ... aquele.
10. Cada dia que passa tens (pouco) vergonha.
11. Não ganha ... mil escudos semanais.
12. Ele é (alto) ... o irmão.
13. Quase não fazia outra coisa ... chorar.
14. Os preços dele são (baixo) aos da concorrência.

130. Superlativo relativo

Completar correctamente as frases abaixo indicadas:

1. Acelerou ... que pôde para subir outra ladeira.
2. Procurei convencê-lo que a barreira inicial é sempre a que ... custa a vencer.

3. Estavam sentados no canto ... escuro do café.
4. Copacabana é a praia ... popular da cidade do Rio de Janeiro.
5. A saúde é o (grande) tesouro.
6. De todos os alunos foi aquele o que (pouco) trabalhou.
7. A (pequeno) coisa me põe fora de mim.
8. O rosto não revelou o (pequeno) contentamento ou a (pequeno) tristeza.
9. Ele é o (pouco) inteligente de todos.
10. É o (muito) simpático de todos.
11. O primeiro passo é muitas vezes ... difícil e ... importante.
12. De todas as cidades algarvias Portimão é, sem dúvida, ... bonita.
13. Ele dava-me os presentes ... belos.
14. É o que (pouco) me interessa.
15. Pedro é o irmão ... novo.

131. Mais bom/bem - melhor — Mais mau/mal - pior

Inserir a(s) palavra(s) adequada(s):

1. Tive sempre a convicção de que há coisas muito (mau) do que a derrota.
2. As palavras são muito boas mas ... ainda é fazer.
3. Este rapaz é (bom) do que inteligente.
4. De todas as minhas alunas é a (bom) dotada.
5. É o livro (mau) impresso que jamais vi.
6. Tenho a certeza de que o pai me compreenderia (bom).
7. Esta casa está (mau) construída do que aquela.
8. Dele pode-se dizer que foi o (bom) preparado candidato do exame.
9. Eu sei que a profissão não é das (bom) remuneradas.
10. O (mau) de tudo é que não poderia confessá-lo a ninguém.

132. Superlativo absoluto

a) Substituir o superlativo absoluto composto em itálico pela forma correspondente do superlativo absoluto simples:

1. O meu tio é *muito rico*.
2. Este artigo é *extremamente caro*.
3. É uma pessoa *muito amável*.
4. Estamos *muito cansados*.
5. Esta tradução é *muito fácil*.
6. É um trabalho *muito simples*.

7. A criança é *extraordinariamente inteligente*.
8. A cidade de Évora é *muito antiga*.
9. É um escritor *muito célebre*.
10. Aquela mulher é *muito pobre*.

b) Dar a forma popular dos seguintes superlativos absolutos sintéticos eruditos:

1. frio   – frigidíssimo   – ...
2. fiel   – fidelíssimo   – ...
3. negro   – nigérrimo   – ...
4. cruel   – crudelíssimo   – ...
5. amigo   – amicíssimo   – ...
6. doce   – dulcíssimo   – ...
7. áspero   – aspérrimo   – ...
8. nobre   – nobilíssimo   – ...
9. soberbo – superbíssimo   – ...
10. humilde – humílimo   – ...

c) Inserir a forma adequada:

1. *grande* – A velocidade ...
2. *mau*   – Um ... gosto.
3. *alto*   – O ... Pontífice.
4. *alto*   – O ... Tribunal de Justiça.
5. *pequeno* – O preço ...

d) Formar superlativos absolutos sintéticos dos adjectivos seguintes:

1. português
2. são
3. acre
4. mísero
5. frágil

6. sábio
7. benévolo
8. maléfico
9. íntegro
10. comum

133. Alguns outros processos de superlativação

Modificar as frases seguintes conforme as indicações dadas:

   (prefixo)
1. É uma pessoa *extremamente sensível*.
2. A mulher sente-se *muito infeliz*.
   (sufixo diminutivo)

3. Gosto de água *muito fresca*.
4. Sabes que ele mora agora *muito perto*?
5. Amanhã quero levantar-me *muito cedo*.
6. O doente sentou-se *muito devagar*.
   (repetição do adjectivo)
7. A rosa é *muito linda*.
8. É uma rapariga *muito bonita*.
   (dos/das mais + adjectivo)
9. Passei quinze minutos *muito desagradáveis*.
10. A situação é *muito cómica*.

134. Comparações idiomáticas

a) Completar as seguintes expressões:

1. Bravo como um ...
2. Pesado como ...
3. Dócil como um/uma ...
4. Magro como um ...
5. Manhoso como uma ...
6. Frio como o ...
7. Ágil como um ...
8. Estúpido como uma ...
9. Esperto como um ...
10. Triste como a ...
11. Teimoso como um ...
12. Preto como (o) ...
13. Alto como uma ...
14. Vermelho como uma ...
15. Fiel como um ...
16. Branco como a ...
17. Diligente como a ...
18. Nada que nem um ...
19. Alegre como um ...
20. Trabalha como um ...

b) Inserir a comparação apropriada:

1. O meu vizinho é surdo como uma ...
2. Esta mulher é bela que nem uma ...
3. O mar estava liso como um ...

4. Este homem bebe que nem uma . . .
5. Ao ouvir esta resposta, ficou branca como a . . .
6. Estou cansadíssimo, trago os pés que nem . . .
7. O homem está alegre como uma . . .
8. Os irmãos parecem-se como duas . . .
9. Isto é claro como . . .
10. Ela está a tremer como . . .
11. Eles vivem como . . .
12. Aquele homem é atrevido que nem o . . .
13. Estou molhado como uma . . .
14. Não consigo ver nada; está escuro como . . .
15. Não quero falar com esse homem; é vaidoso como um . . .

VI. Os pronomes pessoais

135. Contracção dos pronomes pessoais com formas verbais

Contrair correctamente as palavras em itálico:

1. Quem me dera *saber o*!
2. *Viram o* entrar numa farmácia.
3. Por mais que tente não consigo *compreender a*.
4. Os seus amigos juraram *vingar o*.
5. *Damos nos* muito bem, mas ele fez sempre o que quis.
6. Nunca mais voltei a *ver a*.
7. Ele vai *lograr o*.
8. Nós vamos consigo e *ajudamos o* a fazer as malas.
9. *Ajudaram o* a soerguer-se e puseram-lhe à frente um bloco de papel.

136. Complemento directo (o, a, os, as) ou indirecto (lhe, lhes)

Substituir o pronome entre parênteses pelo pronome conveniente:

1. Não podemos negar (elas) esta oportunidade.
2. Obsequioso, ajuda (ela) a apanhar os pertences.
3. Toca (ela) timidamente no ombro, como a reconfortar (ela).
4. Pode (elas) custar caro a brincadeira.
5. Tomaram um táxi que (eles) levou ao cinema.
6. Não quis perder a ocasião que se me oferecia de (ela) conhecer.
7. Não quero tirar (o senhor) o seu tempo.
8. Não (ela) erravam os pressentimentos.
9. A pergunta apanhou (ele) inteiramente de surpresa.
10. Recomendo (a senhora) que não confie em ninguém.
11. Eu nunca (a senhora) fiz mal.
12. O outro embatucou por momentos e depois chamou (ele) malandro.
13. Olhou (ela) de revés.
14. Assentou (ela) com toda a força uma bofetada na cara.

137. Contracção dos pronomes de complemento directo com os de complemento indirecto e com formas verbais

Contrair correctamente as palavras em itálico:

1. Dou boleia a quem *me a* pede, disse o motorista.
2. Pediu ajuda a quem *lhe a* podia dar e recebeu-a.
3. Tira algumas fotografias da carteira e *dá me as*.
4. *Dou vos os* sob uma condição.
5. *Contou nos o* também.
6. Prometo *remeter lhe as* por avião.
7. *Põe os* em cima da mesa.
8. Ele *diz o*, daí que não o creio.
9. Por que razão não queres *dizer o?*
10. *Convidámos a* a jantar connosco.
11. *Levantamos nos* cedo.
12. Passara duas semanas sem *ver a*.
13. Ao longe, atrás de si, ouviu alguém *chamar o*.
14. Nem tem ilusões nem finge *ter as*.
15. Ela permaneceu na mesma posição, imóvel, a *olhar o* fixamente.
16. *Dize o! Diz o! Faze o! Faz o! (imperativo)*
17. *Tens o?* O senhor *quer o?*
18. *Lavas o; lavais o; lavastes o; lavar-o-íamos.*
19. *Lavásseis o; lavassem o.*
20. *Envio lhes os* ainda hoje.

138. Pronomes pessoais regidos de preposição

Substituir, só em caso de necessidade, o pronome grifado pela forma correcta, contraindo-a com a preposição quando preciso for:

1. Com *eu* não faças cerimónia!
2. A *eu* é que não me enganam.
3. A *ele* não o conheço.
4. Entre *nós* nunca houve amor!
5. Moro muito perto de *tu*.
6. Ninguém se lembrou mais de *ela*.
7. Estás a brincar com *nós?*
8. Deu-me a chave para *eu* entrar.
9. Diga-lhe que pode contar com *a gente*.
10. Este livro é para *você*.

11. Convidaram-te a *tu* e não a *ele*.
12. Ela prometeu ir com *nós* dois.
13. Não queria ir com *vós*.
14. Entre *eu* e *tu* não há segredos.
15. Pensei de *eu* para com *eu*: desta vez é certo.

139. Colocação do pronome pessoal

Pôr o pronome grifado no devido lugar:

1. Esta análise ... conduz ... ao âmago do problema.	–nos–
2. Os seus propósitos ... goraram ...	–se–
3. Outros já ... tentaram ... também.	–o–
4. E lá ... foi ... a sua boa intenção.	–se–
5. Que mal ... fez ... ele?	–lhe–
6. Quero ... fazer ... uma pergunta.	–te–
7. Não sabes como ... estou ... grata.	–te–
8. A vida ... tinha ... separado.	–nos–
9. Quem ... abriu ... a porta?	–lhe–
10. Quando ... viu ... aparecer por detrás das grades, quase ... não ... reconhecia.	–o– –o–
11. O súbito desabafo ... surpreendeu ...	–me–
12. Quando ... quer ... tudo, muitas vezes ... fica ... sem nada.	–se–
13. ... diga ... claramente aonde quer chegar.	–me–
14. Ninguém percebe o que ... passa ...	–se–
15. Os três ... sentaram ...	–se–
16. É uma coisa que não ... admira ... mesmo nada.	–me–
17. As paisagens e as gentes dessas terras ... são ... familiares.	–lhe–
18. O que ... vale ... é a muita prática.	–me–
19. Nada de importante ... passara ...	–se–
20. Em dois meses tudo ... transformou ...	–se–

140. Pronomes pessoais regidos de preposição

Substituir, só em caso de necessidade, o pronome grifado pela forma correcta, contraindo-a com a preposição quando preciso for:

1. Ele olhou em volta de ... *(pronome reflexivo)*
2. Espere por *eu* que eu também vou.
3. Nunca mais faça isso com *eu*!

4. Não preciso de *o senhor* para nada.
5. Está zangada com *tu*?
6. Sei que não acreditas em *eu*.
7. Tu bem sabes que eu penso sempre em *tu*.
8. Não admito que a senhora fale mal de *ela*.
9. Não quer ir com *nós* ambos?
10. Através dos anos [eles] começaram a confiar em ... mesmos. *(pronome reflexivo)*
11. A *nós* ninguém nos ajuda.
12. A *ele* já lhe dei o dinheiro.
13. Há certas verdades que eu não digo nem a *eu* mesmo.
14. A senhora fechou a porta atrás de ... *(pronome reflexivo)*
15. Parece que nunca ouviu falar de *eu*.

141. Colocação do pronome pessoal

Pôr o pronome grifado no devido lugar:

1. A porta do prédio ... abriu ...	–se–
2. Já não ... interessa ... nada.	–lhe–
3. Todos ... admiram ...	–a–
4. Eu não podia ... mexer ...	–me–
5. Foi por isso que ... chamaste ...?	–me–
6. O final do romance ... desilude ...	–nos–
7. Não ... importa ..., pois não?	–se–
8. Murmuro um «muito prazer» quando ... estende ... a mão.	–me–
9. Ambos ... sentámos ...	–nos–
10. Fiquei tão contente por ... ter ... encontrado, que pago eu tudo.	–os–
11. Já ... vai ... embora?	–se–
12. As tensões vão ... agravando ...	–se–
13. Pronto, ... acabou ... a conversa!	–se–
14. Onde ... encontrou ...?	–a–
15. Tivemos de ... restringir ... ao que ... pareceu ... mais importante.	–nos–

142. Os pronomes de complemento directo e de complemento indirecto

Substituir os pontos pelos pronomes pessoais convenientes:

1. A modista já trouxe o vestido. A senhora ainda não ... viu, pois não?
2. É um projecto antigo. Não sei se conseguirei levá- ... até ao fim.

3. Se é o tempo que lhe falta, invente-. . .!
4. Boa tarde, minha senhora. Tive muito gosto em conhecê-. . .
5. Assim que a viu, correu a cumprimentá-. . ., dando-. . . o braço, o que nem sempre fazia.
6. Já que tanto insistes numa resposta sincera, vou dar-. . . . . .
7. Foi até à janela e abriu-. . .
8. [Ele] sabe que ela tem razão, mas não . . . . . . quer dar.
9. Todas as despesas, pago-. . . eu.
10. Esta pergunta, por mais lógica que seja, ninguém . . . faz.
11. Leu o papel pela última vez, dobrou-. . . e guardou-. . . no bolso de dentro do casaco.
12. Ela fechou os olhos procurando abrandar a tensão que . . . tomara.
13. Se uma pessoa se concentra numa coisa, acaba-. . . em menos tempo.
14. A minha adesão a este ponto de vista declaro-. . . completa.
15. O seu relógio estava adiantado. Acertou-. . .

143. Os pronomes de complemento directo e de complemento indirecto e o pronome tónico da terceira pessoa

a) Substituir as palavras grifadas pelos pronomes convenientes:

1. Vi *o teu patrão no restaurante.* (Exemplo: vi-o nele)
2. Comprei *a casa* por cinquenta contos.
3. O médico tentou acalmar *o doente.*
4. O meu vizinho vendeu *a sua bicicleta motorizada.*
5. Amanhã visitarei *a minha avó.*
6. Darei *este dicionário ao meu irmão.*
7. O professor explicou *as regras aos alunos.*
8. Vou buscar *um maço de cigarros.*
9. Pago *cem escudos ao livreiro.*
10. Põe *as revistas na gaveta.*
11. Não me quer dizer *a verdade.*
12. Encontrou *a carta no armário?*
13. Farei *a tradução* amanhã.
14. Se tivesse dinheiro, compraria *esse carro.*
15. Dou *o dinheiro ao lojista.*

b) Substituir as palavras grifadas pelos pronomes convenientes:

1. Acompanho *a estrangeira* até à estação.
2. Escutei *a história* sem dizer palavra.

3. O rapaz está à espera *da namorada*.
4. Ofereci *as flores à minha vizinha*.
5. Estudei *a lição* com muita atenção.
6. O aluno disse *a verdade ao professor*.
7. A mãe contou *uma história aos filhos*.
8. Vou chamar *os meus amigos*.
9. Escondem-se *na sala*.
10. Não quero ouvir *essas mentiras*.

144. Formas de tratamento

Explicar o uso das formas de tratamento grifadas:
1. O *senhor* fala português?
   Como está, *minha senhora*?
   É *a senhora* quem manda.
2. Traga um refresco para a *senhora dona Amália*!
3. Onde é que *o senhor engenheiro* trabalha?
4. Ó *doutor*, posso consultá-lo ainda esta tarde?
5. Que tem *você*, Fernanda?
   Espero que *você* não cometa o erro que eu cometi.
6. Esqueça aquele assunto, *amigo Gomes*!
   A Maria não quer acompanhar-me?
7. Já ouvi falar muito de *si*.
   A *si*, António, nem lhe pergunto.
8. *Vossemecê* parece uma pessoa alegre.
   Ouça lá, *tiozinho*, como é que *vossemecê* se chama?
9. *V.Exa. (Vossa Excelência)* quer deixar algum recado?
10. Vou já, *querida*.
    Lá nisso, *minha filha*, tens tu razão.
11. Pela presente vimos comunicar a *V.Sa. (Vossa Senhoria)* que não podemos aceitar a sua proposta.
12. O que foi que *o pai/a mãe* disse?
13. O que é que *vocês* acham?
    Nenhum de *vocês* recebeu notícias dele?
    Santa Maria, bendita sois *Vós*[1]) entre as mulheres.
14. Ó *seu Pinto*, espere aí um momento!
    Tome cuidado, *seu João*!
15. *Tu* és uma das raparigas de quem mais gosto.

[1]) *Vós* ainda se ouve em discursos e é vulgar em certas regiões das Beiras e de Trás-os-Montes.

VII. Os pronomes demonstrativos

145. Os demonstrativos isto, isso e aquilo

Explicar o significado dos demonstrativos em itálico:

1. Eu não disse *isso*.
2. *Aquilo* é que é uma patroa!
3. E julgava-se *isto* capaz de casar comigo!
4. E eram *aquilo* homens adultos!
5. Que horas são *isto*?
6. *Nisto* ouviu-se um barulho.
7. E quer *isto* fazer-se passar por menino fino.
8. E estás a desperdiçar o tempo com *aquilo*?
9. O livro não foi tão caro como *isso*.
10. *Aquilo* é que é uma cidade!

146. Uso dos pronomes demonstrativos

Inserir o pronome demonstrativo conveniente:

1. Como vai ... saúde?
2. Eu já estava esperando por uma d...!
3. Tem ... o fim de responder à sua carta.
4. N... dias tudo pode acontecer.
5. Não podemos recusar a mão a ... que reconhecem os seus erros.
6. Vi-o com ... olhos.
7. ... de nunca fazer nada é uma coisa que me aborrece.
8. É a ... que chamo coincidência!
9. A pessoa mais feliz é ... que não tem ambições.
10. Eu nunca seria capaz duma coisa d...
11. Hamburgo e Munique são duas grandes cidades. ... fica no Sul e ... no Norte da Alemanha.
12. As minhas ideias e ... do resto da família não divergem muito.
13. Nunca poderei suportar uma humilhação d...!
14. Eu? Nervosa? ... é boa!

15. Disse para comigo: não caias n . . . !
16. Foi-se embora sem mais . . .
17. No Estado da Bahia, Salvador é, entre as cidades nordestinas, . . . que lembra logo as conquistas portuguesas.
18. A competição é contagiosa, mas também . . . é a cooperação.
19. . . . que dizem isso, enganam-se.
20. . . . é que é sangue-frio!

VIII. Os pronomes possessivos

147. Artigo definido ou não

Inserir, só em caso de necessidade, o artigo definido:

1. Com certeza, ... minha senhora, pode contar comigo.
2. E tudo isso por ... minha culpa!
3. Conheço ... teu pai há muito tempo.
4. Ele assinou a carta em ... meu nome.
5. Deixa isso a ... meu cargo!
6. Dou-lhe ... minha palavra de honra.
7. ... teu tio só quer ... teu bem.
8. Cada coisa a ... seu tempo.
9. Eu poderia hospedá-lo em ... minha casa.

148. Substituição do pronome possessivo pelo pronome pessoal

Substituir o pronome possessivo pelo pronome pessoal correspondente:

1. Levantou-se num salto e agarrou as suas mãos.
2. Apertei o seu braço com mais força.
3. Ela estava arquejante e os seus joelhos tremiam.
4. As palavras caíram dos seus lábios como pedras.
5. Ninguém ouviu as suas queixas.
6. Despi a sua gabardina.
7. A minha cabeça dói.

149. Particularidades dos pronomes possessivos

Dar o significado dos pronomes possessivos em itálico:

1. Contava já os *seus* cinquenta anos.
2. João estava num dos *seus* dias de desânimo.
3. Nunca mais te quero ver, *meu* covarde!

4. Entre, *meu* amigo, entre!
5. Ele tem os *seus* defeitos, como todos temos.
6. Tenho cá as *minhas* dúvidas.
7. Como vai o senhor e os *seus*?
8. O Pedro fez novamente uma das *suas*.
   (*corrigir os pronomes possessivos grifados*)
9. Tragam [vocês] os *vossos*[1]) livros!
10. Não se esqueçam de cumprir as *vossas*[1]) obrigações!
11. Queiram V. Exas. dizer-me se os *vossos*[1]) produtos ainda mantêm os mesmos preços.

---

[1]) Embora muito usual, o possessivo *vosso* é considerado menos correcto quando tratamos o possuidor por vocês, os senhores ou V. Exas.

IX. Os pronomes relativos, interrogativos e exclamativos

150. Pronomes relativos

Inserir o pronome conveniente:

1. Não serei eu ... o irá denunciar!
2. O dilema perante ... se encontra o presidente é dramático.
3. ... não fosse o seu caso, deixava-o indiferente.
4. Veja-se, por exemplo, ... se passa naquele país.
5. Tenho o maior respeito por ... assim pensa (*ou* por ... *ou* por ... assim pensam).
6. Em terra de cegos, ... tem um olho é rei. *(provérbio)*
7. Vou ver ... se arranja.
8. Esperam ... tempo for preciso (*ou* o tempo ... for preciso).
9. Mas quem julgo eu ... sou?
10. Sou o tipo de sujeito ... não aceita derrotas.
11. ... (*ou* ... *ou* ...) não viu não pode fazer uma ideia da situação.
12. ... fez o barulho fui eu.
13. ... tinha (*ou* ... *ou* ... tinham) armas lutou (lutaram) ferozmente.
14. Já sei ... o senhor é.
15. ... (*ou* ... *ou* ...) sabia as dificuldades por ... passara, compreendeu-a.
16. Muitas vezes é difícil exprimir fielmente ... se pensa.
17. ... me interessa é alcançar o mesmo que ele.
18. Nenhuma destas afirmações colheu grande crédito entre ... para ... foram feitas.

151. Pronomes interrogativos

Inserir o pronome conveniente:

1. Nem sempre é fácil dizer-se ... a melhor definição.
2. Bem sabes ... é o meu ponto de vista.
3. De ... é este livro?

4. Para ... é a esferográfica?
5. ... é que te mandou aqui?
6. ... é isto?
7. Posso, ao menos, fazer-te uma pergunta? – ...?
8. ... deseja?
9. ... importância é que isso tem?
10. Escuta, ... é que eu te queria dizer?

152. Pronomes relativos

Inserir o pronome conveniente:

1. Dera-lhe três filhos, o mais velho ... começara a frequentar o liceu.
2. Calei-me, até saber ao certo ... sentia.
3. Eis uma pergunta a ... (*ou* ...) não é fácil responder.
4. ... (*ou* ... *ou* ...) quer fazer grandes coisas tem de principiar por fazer as pequenas.
5. Não tens feito outra coisa em toda a tua vida senão perguntas para ... sabes de antemão não obter resposta.
6. ... precisa acostumar-se com você não sou eu.
7. Teremos de esperar para ver ... acontece.
8. ... você acaba de dizer deixou-me furiosa.
9. É impossível mencionar ... (*ou* ... *ou* ...) nos empolga nesta literatura.
10. Neste momento tenho outras coisas em ... pensar.
11. Nem sempre se pode ter ... (*ou* ... *ou* ...) se quer.
12. O assunto a ... (*ou* a ...) me refiro é complicadíssimo.
13. Tenho trezentos livros, duzentos ... portugueses.
14. ... semeia ventos, colhe tempestades. (*provérbio*)
15. Elas são as pessoas em ... (*ou* em ... *ou* em ...) tenho muita confiança.

153. Pronomes interrogativos

Inserir o pronome conveniente:

1. Fecho a porta sem saber ... fazer.
2. Sabes, tão bem como eu, ... foi a minha educação.
3. De ... dos dois teria sido a ideia?
4. ... foi a pergunta?
5. ... foi a causa da sua morte?
6. ... pessoas moram na sua casa?

7. Com... é que tu julgas que estás a falar?
8. Você sabe... é o embaixador?
9. ... é a sua profissão?
10. ... tempo leva para chegar até aqui?
11. ... é que os outros vão dizer?
12. ... é que o senhor quer que eu faça?
13. Compreende-se sem esforço... o objectivo que esta acção tem em vista.
14. ... quer dizer esta palavra?
15. ... é que isso tem de extraordinário?

154. Porque, porquê, por que, que ou quê!

Inserir a palavra que convém:

1. ... se metem as pessoas tanto na vida dos outros?
2. Compreende-se facilmente..., não é verdade?
3. ... motivo não me telefonaste?
4. ... é que as coisas se passam sempre como nós não queremos?
5. Não pode explicar-me...?
6. ... é que ele demora tanto?
7. Não compreendo... razão fez isso.
8. Eis... não concordo com isso.
9. ... carro foi atropelado?
10. ... pena! – ... pena o...?

155. Pronomes relativos

Inserir o pronome conveniente:

1. Sou eu... está (*ou* ... estou) doente.
2. Chegámos a uma vila... ruas eram muito estreitas.
3. Esta é a vizinha... filho anda na mesma escola que eu.
4. Li dois livros sobre este assunto, ... o mais interessante.
5. Enumerou as cidades... tinha visto.
6. Não há... (*ou* ...) o convença.
7. Está a olhar para o carro como... (*ou* ...) contempla um novo brinquedo.
8. Não gosto de festas, ... mais organizá-las.
9. Creio que em parte fui eu... falhou (*ou* ... falhei).
10. É este o amigo sem... não tinha conseguido o emprego.

11. Você é... decide.
12. Não tenho com... brincar.

156. Pronomes exclamativos

Inserir as palavras convenientes:

1. Mas que cara... triste!
2. ... perda de tempo!... coisa aborrecida!
3. ... rica vida estamos levando!... coisa feia!
4. Ora veja... horror!... decepção!
5. ... (*ou*...) gente!... (*ou*...) livros!
6. Que linda... ela é!
7. Não posso acreditar!... história!
8. ... é linda essa rapariga!
9. ... conferência... interessante!
10. ... história,... carapuça!
11. ... nada!
12. Já dei a volta toda à mala e... passaporte... passaporte!
13. ... estudou ele!
14. ... (*ou*...) bonita é esta paisagem!
15. ... é bonita esta paisagem!
16. Não imaginas... me fazes sofrer!

X. Os pronomes e adjectivos indefinidos

157. Os indefinidos algo, alguém, algum, bastante, certo, demais, nada e qualquer

Inserir o indefinido apropriado, na forma conveniente:

1. Está aí fora mais . . .?
2. Temos . . . motivos para suspeitá-lo.
3. Isso seria . . . difícil.
4. O . . . não me interessa.
5. . . . dos teus amigos irá ajudá-lo, não é?
6. Aprendeu a lição bem . . .!
7. Um . . . senhor Gonçalves ajudou-me.
8. Não está . . . má a carne, pois não?
9. Outro . . . ficaria contente.
10. A coisa pareceu-lhe boa . . . para ser verdade.
11. Não foi registada . . . reacção desfavorável.
12. Por hoje trabalhei . . .
13. Estou . . . de que isto é mentira.
14. Ainda não cheguei a . . . conclusão.
15. O rapaz está muito gordo, come . . .
16. O jornal da tarde . . . tinha de interessante.
17. Não há . . . sobreviventes.
18. Nem prometi . . . nem cumpri de menos.
19. Isto podia passar-se em . . . outro país.

158. Os indefinidos demasiado, igual, mesmo, nenhum, ninguém, pouco, tal, todo, tudo e vários

a) Inserir o indefinido apropriado, na forma conveniente:

1. Fiz . . . o possível.
2. Além de . . . o mais, a minha atitude foi mal educada.

3. ... das questões suscitadas causou surpresa.
4. Uma ... coisa seria insuportável.
5. Beberam os dois pelo ... copo.
6. Ela é linda, ... muito linda.
7. Tem um carro ... ao meu.
8. Não estava ... em casa.
9. Nessa primeira noite era ... a excitação que a voz do médico não foi escutada.
10. Sentia-se ... convencida de si ... para precisar da ajuda dos outros.
11. Ninguém brinca com ... coisas.
12. Eu nunca tinha visto coisa ...
13. Nesta casa toda a gente berra. ... tu.
14. Não estás a ligar ... ao que eu te digo.
15. Só recebi trinta e ... escudos.

b) Inserir o indefinido apropriado, na forma correcta:

1. Não estarás a ver tudo ... negro?
2. O que ganho é ..., mas chega.
3. Tornamos à ...?
4. Tratou-me como se fosse seu ...
5. Que ... passou a noite?
6. Isto não tem piada ...
7. ... renunciaram à ajuda oferecida.
8. Respondeu-lhe o ...
9. Os jornais são todos ...
10. Não é ... anjo!
11. Dê-me um ... de vinho, se faz favor.
12. ... soldados nem fardas tinham.
13. Não conheço ... homem.
14. A pressão foi ... forte para que pudesse resistir-lhe.
15. Foi uma noite de terror ... como poucas pessoas já passaram.

159. Os indefinidos cada, muito, outro, todo e tudo

Inserir o indefinido conveniente, na forma correcta:

1. A chuva cessara de ...
2. ... solução parece de momento impossível.
3. Tu és ... criança para este jogo.
4. A vida reserva-nos ... surpresa!

5. Num ponto ... parecem estar de acordo.
6. ... tem uma explicação.
7. ... o mais é fantasia.
8. A mulher vivia ... feliz.
9. Consegui encaminhar a conversa para ... rumo.
10. Gosto ... deste vinho.
11. ... um tem os seus problemas.
12. Li o livro ...
13. Como ... isto mete nojo!
14. Havia em ... nós um receio.
15. Isto é ... caro para mim.
16. Isto pode acontecer de um momento para o ...
17. Despejei a garrafa ...
18. Tu estás ... dia mais nova.
19. Ele é um intrigante e a mulher ... que tal.
20. A mãe é ... mimos para o filho.

160. Os indefinidos mais, próprio, semelhante e tanto

Inserir o indefinido conveniente, na forma correcta:

1. Comeu ..., que ficou doente.
2. Estas são duas casas ...
3. Eu ... não sei.
4. Os ... alunos já saíram.
5. Há dez pessoas a ...
6. Nunca imaginei ... generosidade em peito humano.
7. O país está longe de se poder bastar a si ..., quanto à alimentação.
8. Não quer ... nada?
9. Estas são as suas ... palavras.
10. Ganha uns cento e ... escudos.
11. O governo resolveu manter por ... um ano o congelamento dos preços.
12. Cada qual ama o seu ...
13. ... dos empregados retomou (retomaram) o trabalho.
14. A miséria de ... entristece-me.
15. Quer ... um copo de cerveja?
16. ... das vezes não faz nada.

XI. Os numerais

161. Cardinais, ordinais, data e hora

Ler as frases seguintes em voz alta:

1. Demorou-se à volta de 15 minutos.
2. No dia seguinte, às 6 da tarde, lá estava ele à minha espera.
3. Espero chegar a Lisboa, no dia 23, terça-feira.
4. O Maranhão tornou-se o 5° maior produtor brasileiro de arroz.
5. Deram o alerta às 7 horas locais.
6. Os trabalhadores revezaram-se em turnos de 8 horas.
7. Morreu novo com 43 anos acabados de completar.
8. Estejam todos aqui amanhã às 9 horas!
9. 78 Soldados e civis morreram em consequência de bombardeamentos.
10. Estamos a 13 de Janeiro; a fuga foi marcada para 17 de Dezembro.
11. O meu vizinho tem 30 e tal anos.
12. Espero-te às 2 e pico no restaurante.
13. Outubro é o 10° mês do ano, Setembro o 9°.
14. Hoje são 22 do mês; estamos a 12 de Janeiro; é 3 de Março.
15. O avião parte às 16 e 25, hora local.
16. Dão as 10 e ¹/₂; é 12 e ¹/₂; às 5 menos 15; é 1 e ¹/₂.
17. 2.000 Pessoas esperaram em vão.
18. Às 6 e 10; são 3 menos 5; faltam 8 para as 4.
19. O território continental português está dividido em 11 províncias.
20. O século VII; o Papa Paulo VI; D. Pedro IV; o século XX; o Papa Pio XII; D. João V; Napoleão III, Luís XIV.

162. Cardinais, ordinais e data

Ler as frases seguintes em voz alta:

1. Em 1821 D. João VI regressou a Portugal.
2. Em 1979, a produção da nossa fábrica ultrapassou 100.000 veículos.
3. No século XIX, o Brasil teve 2 imperadores, Pedro I e Pedro II, o último dos quais foi deposto em 1889.

4. O doente teve alta no seu 46° dia de hospital.
5. Toma-se a data de 1140 como início da independência portuguesa.
6. Os Portugueses chegaram à India em 1498.
7. Em 1580 Filipe II de Espanha sobe ao trono de Portugal.
8. Lisboa estende-se por uma área de cerca de 82,5 km².
9. Luíz Vaz de Camões, o mais ilustre dos poetas portugueses, nasceu em 1524, e faleceu em 10 de Junho de 1580.
10. A área do Brasil é de 8.513.844 km². Com essa área ocupa entre os países de maior superfície contínua o 4° lugar, estando-lhe à frente a União Soviética, com 22.403.000 km², o Canadá, com 9.974.375 km² e a China, com 9.796.973 km².

163. Cardinais e ordinais

Ler as frases seguintes em voz alta:

1. Com a morte da Rainha D. Maria I, subiu ao trono o Príncipe do Brasil, sob o nome de D. João VI.
2. A Revolução de 1640 determinou a guerra com a Espanha.
3. A execução de Tiradentes foi marcada para o dia 21 de Abril de 1792.
4. Em 1572 saiu à luz a 1° edição de Os Lusíadas.
5. D. Pedro II reinou de 1831 a 1889.
6. O Marquês de Pombal reconstruiu Lisboa, destruída em parte pelo terremoto de 1755.
7. Há em Portugal 274 concelhos e 3.770 freguesias.
8. Em 1580 Portugal caiu sob o jugo dos Espanhóis.
9. Angola foi descoberta em 1483 por Diogo Cão; a superfície é de 1.255.755 km².
10. Moçambique tem uma superfície de 771.125 km² e uma costa marítima de 2.795 km de extensão; a população é de cerca de 6.000.000 de habitantes.

164. Multiplicativos, fraccionários e colectivos

Inserir a palavra apropriada:

1. Uma revista que aparece de quinze em quinze dias é uma revista ...
2. O litro é o ... do metro cúbico.
3. O ... é a milésima parte do grama.
4. Um plano que dura cinco anos é um plano ...

5. Um grupo de vinte é uma...
6. Um velocípede de três rodas chama-se...
7. Um dicionário que está escrito em três línguas é um dicionário...
8. Um exame que se realiza de três em três meses é um exame...
9. Seis é o... de dois.
10. Um período de quarenta dias chama-se uma...
11. A centésima parte de um are é um...
12. Um espaço de mil anos chama-se...
13. Um período de três meses é um...
14. Uma revista que se publica duas vezes por semana é uma revista...

165. Cardinais e ordinais

Transformar os cardinais abaixo em ordinais:

nove	dezanove	mil e cem
oitocentos	setecentos	catorze
trinta	quatro	dez mil
cem	noventa	sessenta
quinhentos	onze	cem mil
seis	oitenta	setenta e oito
dezoito	duzentos	milhão
doze	quinze	dois
vinte e três	mil	cinquenta
quarenta	novecentos	seiscentos

166. Cardinais, fraccionários e operações aritméticas

Ler os numerais abaixo em voz alta:

A) 101; 225; 898; 306; 289; 722; 419; 333; 467; 440; 1.901; 2.500; 3.633; 3.078; 4.800; 5.003; 6.777; 7.550; 25.389; 38.906; 11.108; 44.660; 75.800; 68.335; 71.666; 121.539.
B) 1/1; 2/5; 1/2; 2/3; 3/6; 2/7; 5/8; 8/9; 3/10; 4/11; 9/30.
C) $2 + 11 = 13$; $10 - 7 = 3$; $13 - 12 = 1$; $3 \times 3 = 9$; $14:7 = 2$.
D) 0,30; 0,75; 2,15; 1,10; 38,50; 8,95; 77,75; 3,19; 25,45.

167. Multiplicativos, fraccionários e colectivos

Inserir a palavra apropriada:

1. Vinte é o ... de cinco.
2. Um espaço de quatro anos é um ...
3. Quinhentos é o ... de cinquenta.
4. Um grupo de dez é uma ....; um grupo de doze é uma ...; um espaço de quinze dias é uma ...
5. Uma quantidade de cem chama-se uma ...
6. Uma mulher que orça pelos cinquenta anos de idade chama-se uma ... (*pop.*)
7. Uma mesinha de três pés é uma mesinha ...
8. Uma publicação quinzenal chama-se também um ...
9. Trinta é o ... de seis.
10. A décima parte de um metro é um ...
11. A décima parte de um grama é um ...
12. Uma medida ou quantidade de dez litros é um ...
13. Um vocábulo de três sílabas é um vocábulo ...
14. Eleições que se efectuam de três em três anos são eleições ...

168. Fraseologia dos numerais

Explicar as expressões em itálico:

1. Aquele homem é um *zero à esquerda*.
2. Apesar de todas as provas, o réu *não disse uma nem duas*.
3. Isto é tão certo como *dois e dois são quatro*.
4. Creio que gostaste muito do jantar; *comeste por quatro*.
5. Estupendo! O senhor *deu no vinte*!
6. Não era de admirar que o velho bêbado *batesse o trinta e um*.
7. O meu professor tem *mil e um* livros sobre este assunto.
8. Ontem passei *um mau quarto de hora*.
9. Já ouvi esta desculpa *uma dúzia de vezes*.
10. Os viajantes estiveram expostos a *mil* perigos.
11. Guardou o segredo *a sete chaves*.

XII. As preposições

169. Regência verbal

Completar as frases abaixo com preposições adequadas, contraindo-as quando necessário for:

1. O homem tira um cigarro . . . o bolso.
2. . . . que te admiras?
3. Prefiro o cinema . . . o teatro.
4. Mais de mil pessoas morreram . . . fome.
5. Tudo vai depender . . . você.
6. Aprendemos . . . falar português.
7. Gosto . . . fazer tudo depressa.
8. Hesitei . . . concordar . . . a ideia.
9. . . . que devo a honra?
10. Voltaram . . . o centro da cidade.
11. Não me preocupo . . . essas coisas.
12. A testemunha começou . . . chorar.
13. O rapaz não pôde deixar . . . rir.
14. Importa-se . . . repetir o nome dela?
15. Esforçou-se . . . disfarçar a surpresa.
16. Este vinho sabe . . . vinagre.
17. Lembra-se . . . a conversa que teve comigo?
18. Preciso . . . falar consigo.
19. Batem . . . a porta.
20. A mulher habituou-se . . . tudo.
21. Gosto de saber . . . quem lido.
22. A rapariga não pára . . . rir.
23. Ontem não esperou . . . ela.
24. Nenhum pormenor escapava . . . a sua atenção.
25. O ladrão foi condenado . . . cinco anos de prisão.

170. Uso de «para» e «por»

Substituir os pontos pela preposição conveniente:

1. Tinha ... ela o maior respeito.
2. Isto é tudo ... hoje.
3. Ele é bastante crescido ... tomar conta de si.
4. ... ti, tudo o que não seja ganhar dinheiro é inútil.
5. O pobre soldado morreu ... a pátria.
6. Há, ... o que se passou, várias explicações.
7. Não fale; limite-se a dizer que eu falarei ... si.
8. Estendeu a mão ... ligar o aparelho de rádio.
9. As mercadorias viajam ... conta e risco do comprador.
10. Acha que não tenho razões ... isso?
11. Saímos hoje ... a primeira vez.
12. Não haverá uma solução ... isto tudo?
13. Lançou um olhar rápido ... cima do ombro.
14. Era bom demais ... ser verdade.
15. Fê-lo ... simples obséquio.
16. A verdade fala ... si mesma.
17. Olhou ... fora ... a janela.
18. Não via justificativa ... tanta imprudência.
19. Conhece algum remédio ... o enjoo?
20. Não queriam saber de mim ... nada.

171. Regência verbal

Substituir os pontos pela preposição conveniente, contraindo-a quando for necessário:

1. Sofro com frequência ... enxaquecas.
2. Sento-me e pego ... uma revista.
3. Nunca reparei bem ... ela.
4. Saio ... a sala e vou ... o meu quarto.
5. Os três dirigiram-se ... o local do acidente.
6. Ninguém se surpreendeu ... esta atitude.
7. Todos abundam ... a mesma opinião.
8. Não dispomos ... muito tempo.
9. Ela apressou-se ... entrar.
10. Não pude resistir ... uma oferta tão tentadora.
11. Há muitas pessoas que acreditam ... isso.

12. Vou tratar ... tudo.
13. Esqueceu-se ... as suas promessas.
14. Não respondeste ... a minha pergunta.
15. Aproximou-se ... a janela.
16. Nunca mais ouvi falar ... o assunto.
17. O estudante empenhou-se a fundo ... o assunto.
18. Ela tem o dever de me obedecer ... tudo.
19. Não pode obrigar-me ... uma coisa que eu não quero.
20. Nenhum detalhe é deixado ... o acaso.
21. Todos se regozijam ... a sua volta.
22. Daqui a cinco dias eu entro ... férias.
23. Que teria acontecido ... aquele menino?
24. Atreves-te ... repetir?
25. Apaixonou-se ... ela.

172. Regência nominal

Preencher os espaços com as preposições adequadas:

1. O senhor não tem o direito ... se rir.
2. A senhora sabe que eu nunca tive influência ... ela.
3. Lá em casa não têm necessidade ... saber isso.
4. Saiu com a intenção ... descobrir a cidade.
5. Ele nunca tivera o mínimo jeito ... os trabalhos manuais.
6. Ambos tinham vontade ... falar, mas nenhum deles se atrevia.
7. A pequena deu-me sempre motivo ... preocupações.
8. A primeira reacção ... essas ideias foi negativa.
9. Desculpe-me. Não tive tenção ... ofendê-lo.
10. Estes casos serão excepções ... a regra?
11. ... que é que tens medo?
12. A mãe tem saudade ... os filhos.
13. Tenha a bondade ... esperar um momento.
14. Tinha perdido todo o domínio ... ela.
15. Tenho é pena ... não estar no teu lugar.
16. O ensejo não foi difícil ... encontrar.
17. Fui-me embora, furioso ... perder tanto tempo e decidido ... não voltar.
18. Todos os conceitos jurídicos são passíveis ... múltiplas interpretações.
19. As consequências desta situação são fáceis ... calcular.
20. Mantiveram-se alheios ... o conflito.
21. Sentiu-se emocionado ... a sua beleza.
22. Ela não se mostrou contrária ... a ideia.

23. O custo foi imenso ... valores humanos e outros.
24. O réu foi declarado culpado ... homicídio voluntário.
25. Ninguém é capaz ... predizer o que o inimigo fará.

173. Regência verbal

Completar as frases abaixo com preposições adequadas, contraindo-as quando necessário for:

1. Não ligou ... o que eu disse.
2. A conferência terminou ... um fracasso.
3. Casou-se ... ela há onze anos.
4. Recostou-se ... a cadeira.
5. Entraram ... a saleta e fecharam a porta.
6. Os olhos dela encheram-se ... lágrimas.
7. Ainda não me adaptei ... a realidade.
8. Concordou ... fazê-lo.
9. O senhor pode contar ... mim.
10. O navio tocou ... Lisboa.
11. Não é este o caminho que leva ... o sucesso.
12. Deixa-te ... fantasias!
13. Negou-se ... ceder ... as exigências.
14. Põe-se ... rir de mansinho.
15. O homem desfez-se ... desculpas.
16. Durante dois anos ele trabalhou ... o manuscrito.
17. O vento tirou o avião .. a rota.
18. Vários factores contribuíram ... isso.
19. Infelizmente não se vive só ... sonhos.
20. O doente já entrara ... convalescença.
21. Ela convidou os parentes ... o jantar.
22. Muitas pessoas assistiram ... a festa.
23. Folgo muito ... o ver tão bem disposto.
24. Não simpatizo ... as suas ideias.
25. Não hesita ... dizer tudo o que lhe vem ... a cabeça.
26. Estou certo de que não faltarás ... o prometido.
27. E ainda vocês se queixam ... os ordenados!
28. As raízes do actual conflito remontam ... o século dezanove.
29. Debruçou-se ... a cadeira.
30. Por pouco não desatei ... rir.

174. Uso de «acima de», «em cima de», «para cima de», «por cima de», «além de» e «sobre»

Preencher os espaços com as preposições adequadas, contraídas com o artigo, quando necessário:

1. Vive muito ... os seus meios.
2. Fechou a porta do quarto ... si.
3. A lista de espera conta ... mil nomes.
4. ... a mesa há três pastas.
5. Os quartos ficam ..., o dela no segundo andar, o dele no terceiro.
6. O acidente aconteceu ... a tarde.
7. O avião voou ... a cidade.
8. Tenho muitos livros ... Portugal.
9. Eu podia ouvi-lo ... o barulho do carro.
10. Saltou ... o cavalo.
11. Atirei o casaco ... a cama.
12. ... preguiçoso é também desonesto.
13. Ele fumou cigarro ... cigarro.
14. A saúde pública está ... qualquer consideração económica.
15. A criada depositou a bandeja ... a mesinha.

175. Uso de «abaixo de», «debaixo de», «em baixo», «por baixo de», «aquém de» e «sob»

Preencher os espaços com as preposições adequadas, contraídas com o artigo, quando necessário:

1. As estimativas ficam muito ... a realidade.
2. É uma reacção violenta ... um aspecto plácido.
3. Todas as tardes vem ao café com os livros ... o braço.
4. A pasta está ... a mesa.
5. Tenho o nome dele ... a língua.
6. A imperatriz saiu do palácio ... os olhares de admiração dos seus súbditos.
7. A temperatura perto do nível do mar raramente cai ... 10° C em pleno verão.
8. Atiraram-me pela escada ...
9. Foi com um arrepio de horror que vi o corpo estendido lá ...
10. Ele acabou na prisão ... a acusação de perjúrio.
11. ... que pretexto saiu?

12. No dia seguinte continuamos rio ... em outro vapor.
13. O táxi já lá está ... à espera.
14. ... eles a praça estava quase vazia.
15. De algumas dezenas de metros de altura a vista da terra ... era impressionante.
16. A testemunha está ... juramento.
17. O mercado português é, presentemente, o terceiro mercado consumidor de vinho do Porto, logo ... a França e ... a Inglaterra.
18. Colocou o violino ... o queixo.
19. Houve um baque surdo ... quando o barco roçou num banco de areia.
20. O número dos turistas ficou muito ... os esperados quatro milhões.

176. Regência verbal

Substituir os pontos pela preposição adequada, contraindo-a quando necessário for:

1. O que fez cheira ... suborno.
2. O rapaz assemelha-se muito ... o pai.
3. Não se vingue ... mim!
4. Ainda falta muito ... chegarmos?
5. Não arme ... inocente!
6. O fumo dos cigarros espalhava-se ... a mesa.
7. Não quero reincidir ... o mesmo erro.
8. Não pode desfitar os olhos ... ela.
9. Não quero alongar-me ... esta narrativa sem interesse.
10. O bêbedo agarrou ... a garrafa e levou-a ... a boca.
11. Com duas palavras acabaste ... todas as minhas esperanças.
12. Há claras vantagens a tirar ... a actual situação.
13. Comecei ... irritar-me ... esta atitude.
14. As remessas de víveres reduziram-se ... quase nada.
15. Você prometeu não tocar mais ... este assunto.

177. Uso geral das preposições

Substituir os pontos pela preposição conveniente, contraindo-a em caso de necessidade:

1. ... o rodar dos tempos, tudo se vai perdendo.
2. Muito gostas tu ... perder tempo ... coisas inúteis.

3. Digo as coisas . . . os seus nomes.
4. Não encontro motivos para estar . . . mal . . . a minha consciência.
5. Tinham-se separado . . . mal, depois de discussão violenta.
6. O criado deu mostras . . . o conhecer.
7. Hesitou durante meia hora . . . a ideia . . . telefonar . . . dizer que estava doente.
8. O acontecimento revelou-se-me . . . fases.
9. Podemos tratar-nos . . . tu, não acha?
10. É um pouco estranha esta cerimónia . . . nós, penso eu.
11. . . . a tua idade já eu trabalhava há muito tempo.
12. Acaba . . . as brincadeiras!
13. Que diz . . . a minha ideia?
14. O domínio da utilização dos computadores alarga-se . . . ano . . . ano.
15. No ano passado morreram mais de mil pessoas . . . acidentes de viação.
16. A questão não está . . . saber o que há . . . mau no sistema.
17. Só agora compreendo como tenho sido má . . . ele.
18. Todos os presentes, . . . pé, cantaram o hino nacional.
19. Sou português . . . nascimento.
20. Conheço-a . . . vista.

178. Uso de «para» e «por»

Substituir os pontos pela preposição conveniente, contraindo-a em caso de necessidade:

1. Não tinha qualquer desculpa . . . o seu atraso.
2. Ainda que mo peçam, nunca entrarei . . . essas coisas.
3. Não quero esconder-te . . . mais tempo essa verdade.
4. . . . um momento não consegui dizer nada.
5. . . . ele essa decisão teve pesadas consequências.
6. Parecem ter sincera amizade uns . . . os outros.
7. Lançaram-se programas de obras públicas . . . os desempregados.
8. Não recebeu pagamento . . . as horas extras.
9. Amanhã temos bacalhau . . . o jantar.
10. Pode ter a certeza de que tudo se arranjará . . . o melhor.
11. Não é . . . gosto que te venho falar.
12. Digo-lhe isto . . . seu bem.
13. Não tenho segredos . . . ela.
14. Muito obrigado . . . as suas amáveis palavras de boas vindas.
15. . . . mim estou de acordo.

179. Uso geral das preposições

Preencher os espaços com a preposição adequada, contraindo-a quando necessário for:

1. Quer rir-se . . . a minha custa?
2. Veio . . . ambulância, acompanhado . . . o médico.
3. Ela teve grande desgosto . . . a morte da mãe.
4. O turista parou . . . o primeiro restaurante que encontrou.
5. Todos sofreríamos . . . uma medida dessa ordem.
6. Ela gritou . . . surpresa e dor.
7. Dividiram a despesa . . . meias e saíram.
8. A rapariga retirou-se . . . cabeça baixa.
9. Conte . . . um . . . vinte!
10. Andará quando muito . . . os trinta, embora aparente mais.
11. O caçador já tinha a arma . . . o ombro.
12. Vamos . . . pé ou . . . carro?
13. Todos os sábados ela anda . . . cavalo.
14. Os turistas viajaram . . . avião.
15. Quanto tempo esteve ela . . . o serviço da firma?
16. Ergueu as mãos vazias . . . uma eloquência muda.
17. Estudou os mapas . . . a luz de uma lanterna eléctrica.
18. Atravessou a rua e caminhou . . . direcção . . . a esplanada.
19. . . . insultos o senhor não resolve nada.

180. Regência nominal

Completar as frases abaixo com as preposições adequadas, contraindo-as em caso de necessidade:

1. Tenho interesse . . . saber o que pensam de mim.
2. Poucas pessoas tinham a coragem . . . proceder da mesma forma.
3. Esta política de desenvolvimento económico tem o perigo . . . animar a inflação.
4. Sempre atentos . . . as ordens de V.Exa., apresentamos os nossos melhores cumprimentos.
5. O criado do café falou de novo, impaciente . . . a lentidão do polícia.
6. Este país é rico . . . monumentos históricos.
7. Estamos contentes . . . termos você de volta.
8. Esta mulher tem o condão . . . me irritar com as suas palavras.

9. Estamos a colher os frutos amargos da nossa confiança ... compromissos alheios.
10. A balança comercial vem acusando nos últimos meses uma tendência ... um relativo equilíbrio.
11. Ele é, em grande parte, responsável ... esta situação.
12. Ela está ansiosa ... te falar.
13. Palavra de honra que tenho pena ... você.
14. Nunca senti grande admiração ... ele.
15. Os pais têm autoridade ... os filhos.
16. Peço desculpa ... a demora ... responder.
17. O homem pareceu surpreendido ... a pergunta.
18. Quem o ouvisse, diria que você não está contente ... me ver.
19. Meu irmão ficou comovido ... a situação desagradável da rapariga.
20. Fiquei satisfeito ... receber a tua carta.

181. Uso geral das preposições

Substituir os pontos pela preposição conveniente, contraindo-a em caso de necessidade:

1. Esta caixinha contém 50 comprimidos ... 25 mg.
2. Muitos holandeses costumam andar ... bicicleta.
3. Voamos ... dez mil metros ... altitude.
4. Nesse caso, nada ... fazer. Fica tudo ... a mesma.
5. O comboio chega daqui ... cinco minutos.
6. Você está a falar ... sério?
7. Renunciou ... todos os pagamentos ... o seu trabalho ... troca ... uma pensão vitalícia.
8. Estabeleceu-se silêncio doloroso ... os dois.
9. Como travou conhecimento ... ele?
10. Parece que a polícia já anda ... a nossa procura.
11. O menino ficou reprovado ... Português.
12. Olhou o marido ... os dedos.
13. ... a porta entreaberta, ... a luz do quebra-luz ... a mesinha ... cabeceira, viu-o ... pé.
14. O que é que você quer dizer ... isso?
15. Que querem vocês fazer ... uma coisa destas?
16. Acha que chegaremos ... tempo?
17. Gosta de beber cerveja ... a garrafa.
18. Desço a escada ... dois e dois.

19. A crise demorou anos e anos ... vencer.
20. As primeiras operações de socorro realizaram-se ... ... os gritos e o odor de sangue, ... o meio de fumo.

182. Emprego da preposição

Preencher, em caso de necessidade, os espaços com a preposição conveniente:

1. É assim mesmo que tenciono ... proceder.
2. Já uma vez a vi na rua ... falar com um soldado.
3. Nunca vi nada ... semelhante.
4. A rapariga mordeu ... os lábios para não rir.
5. Responderei ... tudo o que souber.
6. Que tem ela ... tão diferente das demais?
7. Prefiro ... não conversar a este respeito.
8. Não é fácil ... encontrar homens assim.
9. A estrada não é fácil ... percorrer.
10. É difícil ... compreender o engenheiro.
11. O engenheiro é difícil ... compreender.
12. Que vem ... ser isso?
13. Dá-me prazer ... ouvi-lo.
14. O preço desta mercadoria aumentou ... 20%.
15. Que estou fazendo ... errado?
16. É preciso ... manter as aparências.
17. Decidi ... fazer todo o possível.
18. Não costumo ... voltar atrás nas decisões.
19. Decidi-me ... fazer todo o possível.
20. O Pedro acabou ... os estudos.

183. Regência verbal

Substituir os pontos pela preposição adequada, contraindo-a quando necessário for:

1. A herança tocou ... um parente longe.
2. O pescoço liga a cabeça ... o tronco.
3. Há certas coisas ... que vale a pena insistir.
4. O rapaz arrependeu-se ... as suas palavras.
5. Não se adianta nada ... isso.
6. Olhou ... a mulher com certa estranheza.
7. Eu cá só acredito ... o que vejo.

8. Empregou-se . . . uma companhia de seguros.
9. . . . que baseia a sua opinião?
10. A pobre mulher anseia . . . uma vida melhor.
11. Deixei . . . mais tarde essa melindrosa decisão.
12. Não trocaria a vida que tenho . . . nenhuma outra.
13. Nunca fiz nada . . . que me possa envergonhar.
14. Não é pessoa para se esquivar . . . os seus deveres.
15. Este facto incitou-me . . . prosseguir o jogo.
16. Ela não parecia importar-se muito . . . o facto.
17. Que razões levaram o governo . . . tomar essa decisão.
18. Trata-se . . . facto vergonhoso sem precedentes.
19. A estação turística aproxima-se . . . o seu auge.
20. Ela foi tomada . . . pânico.

184. Uso geral das preposições

Substituir os pontos pela preposição adequada, contraindo-a quando necessário for:

1. . . . que pé estamos agora?
2. Vejo-a . . . pé, . . . costas . . . o sofá, com as lágrimas . . . escorrerem . . . as suas faces.
3. Não ouvi uma voz . . . desacordo.
4. Ganhou passo . . . passo o domínio da situação.
5. As coisas iam . . . mal . . . pior.
6. A água estava fria . . . tirar o fôlego.
7. A mãe apertou os filhos . . . encontro . . . o peito.
8. . . . casa . . . a escola é um bom pedaço . . . pé.
9. Eu como bem . . . qualquer hora.
10. Falou com os pais . . . o telefone.
11. Ela mora . . . os lados de Sintra.
12. Tomámos um avião . . . o Brasil.
13. Mudou-se para Paris . . . os dezanove anos.
14. Inteirou-se da verdade . . . fontes fidedignas.
15. Ontem acordei . . . meio . . . a noite.
16. Alguém chama . . . nós?
17. A razão está . . . o nosso lado.
18. Amanhã tomamos o pequeno almoço . . . a hora habitual.
19. Já fui duas vezes . . . a praia, mas só . . . uma delas tomei banho.
20. Pagaram a sua ingenuidade . . . a vida.

185. Emprego da preposição

Preencher, em caso de necessidade, os espaços com a preposição conveniente:

1. É perigoso ... tirar conclusões precipitadas.
2. Resolveu ... fazer-lhe uma visita.
3. Continuaram ... trabalhar como sempre.
4. Não se passou nada ... irremediável entre nós.
5. Não tente ... desviar a conversa.
6. Isso visa ... provocar as autoridades.
7. Acredite que me alegra muito ... conhecê-lo.
8. As duas raparigas resolveram-se finalmente ... ir.
9. Muitos historiadores modernos tratam ... essa lenda com reservas.
10. Aprendi ... defender-me.
11. O teu amigo é fácil ... convencer.
12. Não é fácil ... convencer o teu amigo.
13. Precisamos ... ter uma conversa séria.
14. Depressa saberemos o que vai ... acontecer.
15. Aconselho-o ... pensar bem no caso.
16. O operário conseguiu ... terminar o trabalho.
17. Veio ... procurar-me pelas cinco horas da tarde.
18. Procuro ... evitar os seus olhos mas não o consigo.
19. O assunto afigurou-se-me difícil ... resolver.
20. Agora, vou ensinar-te ... nadar.

186. Uso de «para», «por» e «a»

Substituir os pontos pela preposição conveniente, contraindo-a quando for necessário:

1. Saí ... cumprimentar os amigos.
2. ... o engano apresentamos as nossas desculpas.
3. Não tenho muito tempo ... esclarecer esses pontos.
4. Muitas coisas terão de ficar ... trás.
5. Olhe-se ... o espelho!
6. A minha vontade era deitar-lhe as mãos ... o pescoço!
7. Pára ... cumprimentá-lo.
8. O meu irmão trabalha ... conta própria.
9. Chegou ... volta das oito horas.
10. Não sabemos ... quem apelar.
11. As diligências envidadas ... realizar esse objectivo frustraram-se.

12. Jogam ... dinheiro alto.
13. O presidente foi obrigado ... decretar o estado de sítio.
14. É evidente que as questões ... resolver são muitas.
15. Levamos quase uma hora ... vir.

187. Uso geral das preposições

Substituir os pontos pela preposição conveniente, contraindo-a em caso de necessidade:

1. Cortou o mal ... a raiz.
2. A minha esposa está ... o cabeleireiro.
3. ... os Portugueses isto não é costume.
4. ... gostos não há disputas.
5. As minhas palavras atingiram-no ... cheio.
6. A viúva casou ... segundas núpcias.
7. A criança escutou ... boca aberta.
8. O consumo de vinho tem vindo ... aumentar ... ano ... ano ... há uns tempos ... cá.
9. O polícia aplicou-me uma multa ... excesso de velocidade.
10. O chefe era muito invejado ... os colegas.
11. A data do casamento ficou marcada ... fins de Setembro.
12. Não tomes isso ... o pé da letra!
13. Ele tomou algumas lições ... um célebre professor.
14. Entrou ... chapéu ... a cabeça.
15. Falta um quarto ... o meio-dia.
16. É uma pessoa taciturna ... natureza.
17. Cala-te ... esses disparates!
18. Sentaram-se os três ... uma das mesas. O anfitrião ficou ... o meio.
19. Não percas tempo ... fazer perguntas!
20. Tu és formidável! Tens resposta ... tudo.

188. Regência nominal

Preencher os espaços com a preposição adequada, contraindo-a em caso de necessidade:

1. Os seus esforços não foram coroados ... sucesso.
2. Estou farto ... confiar em ti.
3. Tal comportamento é desastroso ... todos os interessados.

4. Era delicado ... toda a gente.
5. É muito fraco ... as mulheres.
6. Tenho ordem ... não deixar subir ninguém.
7. A minha memória é fraca ... nomes.
8. Estou preocupadíssimo ... tudo isso.
9. Estamos habituados ... ouvir comentários desse género.
10. Tinha receio ... já não me lembrar bem dela.
11. Esta mãe é doida ... os filhos.
12. Este homem é insensível ... a dor da sua mulher.
13. Nenhum povo tem mais pavor ... os terremotos que o peruano.
14. A rápida progressão do parque automóvel provocou uma carência ... mecânicos.
15. O menino tem uma espantosa vocação ... a música.

189. Uso geral das preposições

Substituir os pontos pela preposição conveniente, contraindo-a quando necessário for:

1. Não sejas injusta ... a pequena.
2. Eu estava um pouco mais do que ... meio caminho ... casa quando vi os primeiros sinais de perigo.
3. Ele tem cara ... gente ruim.
4. Não levantes a voz ... teu pai!
5. Possivelmente procedem assim ... toda a gente.
6. Um ... um, os especialistas expuseram os seus pontos de vista.
7. O doente está ... dieta.
8. Eu fiquei alegre ... o presente.
9. Fala-me sempre ... voz chorosa.
10. Todos sabemos ... que motivo ele procede assim.
11. Tem muito êxito ... as raparigas.
12. Anda ... um lado ... o outro, ... fazer não sei o quê.
13. Dava tudo ... estar ... milhas daqui.
14. Olha, isto vai ... bem ou ... mal?
15. Você tem ... aprender ... escutar.
16. Acho que devemos ser leais um ... o outro.
17. Acalme-se! Nós havemos ... encontrar uma solução.
18. Senti que teríamos de mudar ... táctica.
19. Isso não vem ... o caso.
20. ... o princípio, tudo saiu conforme o plano.

21. Insistiu... ser ele... dar a notícia.
22. Todas as estradas estavam apinhadas... carros.
23. Saiu... onde entrou.
24. Fala... experiência?

190. Regência verbal

Substituir os pontos pela preposição adequada, contraindo-a quando necessário for:

1. O indivíduo da gabardina puxou... uma pistola.
2. Quando voltei é que me apercebi... o sarilho... que caíra.
3. Experimentei o carro hoje. Cheguei aos cem mal carreguei... o acelerador.
4. Se houver alguma coisa... que o possa servir, conte comigo!
5. Uma vaga sonolência foi-se apoderando... mim.
6. Enganas-te muito, se julgas que ele se importa... ti.
7. Era um silêncio tão profundo que custava... suportar.
8. Riem-se... ela pelas costas.
9. O prisioneiro implorou... os guardas que o ajudassem... fugir.
10. As fábricas trabalhavam dobrado para atender... as necessidades.
11. Debrucei-me... a janela.
12. As ruas da cidade começavam... encher-se... vândalos e saqueadores.
13. As testemunhas não coincidem... os seus relatos.
14. ... a troca de palavras resultou uma desavença como nunca entre os irmãos se havia verificado.
15. Não pode levar... mal a estranheza do seu irmão.
16. O que então era situação grave degenerou... situação crítica.
17. Se tiverem qualquer problema, não hesitem... falar comigo.
18. Ainda não desespero inteiramente... o nosso sucesso.
19. À custa de muitos sacrifícios, conseguira formar-se... medicina.
20. O equipamento mal se presta... o que se destina.

191. O verbo «passar» acompanhado de preposição

Preencher os espaços com a preposição adequada, contraindo-a em caso de necessidade:

1. Este homem passa... muito sábio.
2. O Mondego passa... Coimbra.

3. Inspirou o fumo profundamente e passou o isqueiro ... a mão esquerda.
4. No fundo não passam ... novos-ricos.
5. Que se passa ... ti?
6. Todos os bens passaram ... os herdeiros.
7. Já passa ... a hora do expediente.
8. Passou uma vista de olhos ... o contrato.
9. Passei, com o maior cuidado, ... os corpos estendidos.
10. O Rio de Janeiro passa ... uma das mais belas cidades do Mundo.
11. Passava ... as onze quando saímos do café.
12. O soldado passou ... o inimigo.
13. A notícia passou ... boca ... boca.
14. Esta expressão passou ... moda.
15. A empregada passou a carta ... o director.
16. Passou ... a advocacia ... a política.
17. Eduardo passava as manhãs e as tardes ... a noiva.
18. Acreditamos que a ideia não passa ... um mito.
19. A caminho da cidade, passaram ... a praia.
20. Nunca passei ... tamanha tortura em toda a minha vida.
21. A coroa de Portugal passou ... D. Pedro IV ... D. Maria II.
22. Levantei-me e passei o pente ... o cabelo.
23. Tenho a impressão de que nunca lhe passou tal coisa ... a cabeça.
24. Uma mentira que não se pode refutar passa automaticamente ... ser uma verdade.
25. A rapariga passou as mãos ... o rosto.

192. Uso geral das preposições

Substituir os pontos pela preposição conveniente, contraindo-a quando necessário for:

1. Prefiro ir ... comboio.
2. ... vento muito forte qualquer edifício grande oscila um pouco.
3. Há pontos ... os quais os pesquisadores discordam ... si.
4. As reacções causadas ... estas propostas não foram ... concordância unânime.
5. Ele é avarento ... os outros, não ... si próprio.
6. ... o banquete tomaram parte numerosas individualidades.
7. ... 50 °C abaixo de zero não se pode tocar ... metal com as mãos nuas.
8. Partiu ... toda a velocidade.
9. Parece que se encontra ... braços ... um grande dilema.
10. Ele ia acompanhado ... uma mulher loira.

11. Tomámos o pequeno almoço em Setúbal, ... uma paragem de poucos minutos.
12. A viúva veste-se ... luto.
13. A luz provinha ... uma janela ... a parede ... frente ... a cama.
14. Passados meses .. esta nossa última conversa, recebi, enfim, uma carta dele.
15. Não corresponde ... nada ... a imagem que eu fazia ... um milionário.
16. Faça o favor ... preencher este impresso.
17. Sinto-me profundamente chocado ... tais factos.
18. Os olhos dela estavam inchados ... cansaço.
19. Andei ... várias ruas, incapaz ... acalmar o espírito.
20. Moro ... a Rua ... João de Deus, 24.

193. O verbo «dar» acompanhado de preposição

Preencher os espaços com a preposição adequada, contraindo-a em caso de necessidade:

1. Esta janela dá ... o jardim.
2. Ela tem uma figura que dá ... as vistas.
3. Todos o deram ... morto.
4. Não dei ... a chave do enigma.
5. Finjo não dar ... nada.
6. Mostrou um riso de indiferença e deu ... ombros.
7. Tudo isso deu ... nada.
8. O director dá-se bem ... os empregados.
9. Não sabemos se o nosso amigo dá ... médico.
10. Esta bebida não se dá ... climas quentes.
11. O ladrão dá ... a alcunha de «cara de cavalo».
12. Dou-me ... vencido.
13. Ele só dá ... trabalhar.
14. Não se deu ... o trabalho de ir buscar o cinzeiro.
15. Vamos dar tudo ... esquecido.

194. O verbo «ficar» acompanhado de preposição

Substituir os pontos pela preposição conveniente, contraindo-a quando necessário for:

1. Portugal fica ... as margens do Atlântico.
2. Pouco já lhe fica ... a herança.

3. Fiquei ... me encontrar com uns amigos.
4. Isto fica ... outro dia.
5. E não ficará ... aí.
6. Durante quatro dias, a doente ficou ... cama.
7. Fico ... o meu amigo.
8. Pode ficar ... este anel.
9. Não fiquemos ... braços cruzados!
10. A festa ficou ... amanhã.

195. Os verbos «chegar», «sair» e «cair» acompanhados de preposição

Preencher os espaços com a preposição adequada, contraindo-a em caso de necessidade:

1. A reforma não lhe chegava ... viver.
2. Chega ... perder tempo por hoje. Ao trabalho!
3. As despesas chegam ... dez contos.
4. ... mim chega.
5. Não chego ... perceber-te.
6. Até chego ... crer que lhe tem ódio.
7. O cortesão caiu ... desgraça.
8. Estou a cair ... sono.
9. Este livro há muito caiu ... o esquecimento.
10. A temperatura havia caído ... dez graus abaixo de zero.
11. Uma desgraça caiu ... nós.
12. A pobre mulher caiu ... joelhos.
13. Os conspiradores caíram ... a ratoeira.
14. As minhas palavras caíram ... ouvidos surdos.
15. Os soldados caíram ... o inimigo.
16. Aquela ideia já não lhe saiu ... a cabeça.
17. Saiu ... a porta dos fundos.
18. O suplemento infantil do nosso jornal sai ... a quinta-feira.
19. As palavras de censura não saíram ... os meus lábios.
20. Os convidados saíram ... o jardim.
21. A rainha saiu ... a janela do palácio.
22. O rio saiu ... o leito.
23. O filho saiu ... o avô.
24. O motorista saiu ileso ... o desastre.
25. O ouro sai bem ... o azul.

196. Regência verbal

Substituir os pontos pela preposição adequada, contraindo-a quando necessário for:

1. Os sonhos mais ousados podem converter-se . . . realidade.
2. Cada vez mais pessoas estão clamando . . . uma providência nesse sentido.
3. As realidades nem sempre se harmonizam . . . as teorias.
4. Não julgo conveniente prosseguir . . . o diálogo.
5. Dispõe apenas, para si e para a família, . . . dois quartos.
6. As penas . . . que os acusados poderão incorrer irão desde a morte a três anos de prisão.
7. Não trocaria . . . lugar com qualquer outro homem do mundo.
8. Não acreditará . . . os seus olhos.
9. O director consentiu . . . assinar o contrato.
10. Não me importo . . . fazer o esforço que for necessário.
11. Muitas pessoas persistem . . . crer que ele não estava bem informado.
12. Vou preveni-lo . . . uma coisa.
13. Não admitiria que abusasse . . . a sua inocência.
14. Escusas . . . pensar mais no caso.
15. O senhor não comunicou o acidente . . . a polícia?

197. Uso de «antes de», «perante», «em frente de», «à frente (de)», «diante de» e «defronte de»

Escolher a preposição adequada, contraindo-a quando necessário for:

1. O táxi pára . . . a casa.
2. Ouviu-lhe os gritos . . . o ver.
3. Encontramo-nos . . . um dilema vital.
4. Ele foi . . . para certificar-se de que não havia ninguém.
5. Ele nunca se apavora . . . uma situação difícil.
6. Hesitou muito tempo . . . responder.
7. Não devias falar assim . . . tua mulher.
8. Ele está . . . uma grande companhia de navegação.
9. Todos os homens são iguais . . . a lei.
10. Faz favor de seguir . . .
11. Parou . . . a porta.
12. Não quero chorar . . . ele.

13. Quero partir . . . as nove e meia.
14. Ajusto a gravata . . . o espelho.
15. Não quero que, . . . mim, falem dessa maneira.

198. Regência verbal

Substituir os pontos pela preposição conveniente, contraindo-a em caso de necessidade:

1. O que me parece é que deves amoldar-te um pouco . . . as circunstâncias.
2. Não se contenta . . . as nossas palavras.
3. Meto-me . . . a conversa para mudar . . . assunto.
4. Este facto tem consequências . . . as quais é impossível fugir.
5. Quando a reunião terminou, todos se recusaram . . . fazer declarações.
6. Os três bancos persistem . . . os seus propósitos de fusão.
7. As polémicas caracterizam-se . . . uma rara violência.
8. Aperfeiçoou-se . . . língua e literatura alemãs.
9. Como é que o Luís se atrevia . . . falar do João naquele tom?
10. Os meios financeiros interrogam-se . . . as razões da depressão bolsista.
11. Não tardou . . . ver os seus esforços coroados de êxito.
12. Vim . . . saber o que ele tinha dito.
13. Um mês depois os dois tornaram . . . encontrar-se.
14. Não queres entrar? Há café acabado . . . fazer.
15. Está claro que isto acaba . . . dar cabo da paciência a um tipo.
16. Tudo acabou . . . bem.
17. As causas do desastre ainda estão . . . esclarecer.

XIII. As conjunções

199. As conjunções não, nem, não ... nem, nem ... nem, não sequer, nem sequer, não senão, quer ... quer, ora ... ora, quase que, nem que, como que, mal e que

Inserir a conjunção conveniente, segundo o sentido da frase:
1. ... me aquece ... arrefece.
2. ... creio ... em ti.
3. ... tudo se pode escrever.
4. O homem não reagiu e ... olhou para o guarda.
5. A mesma palavra ... aparece com acento ... sem ele.
6. ... posso concordar ... discordar.
7. ... ele ... ninguém queria que a missão se perdesse.
8. Na maioria dos casos ... percebemos o que estamos a fazer.
9. ... respondeu ao meu cumprimento.
10. Não se preocupe ... resolverei os meus problemas.
11. Ao vê-la entrar, levanta-se ... fascinado.
12. O homem não fez uma única pergunta, ... pestanejou, ...
13. ... tenho comigo uma navalha.
14. Com espanto seu, ... uma só pessoa se apresentou.
15. Se você esteve no ultramar, tinha de conhecer Lisboa, ... fosse de passagem.
16. Ele respondeu ... sim, com a cabeça.
17. Obrigara-me a dizer o que eu ... pensava.
18. ... todos estarão de acordo com esta solução.
19. Que simpático ... é o teu amigo!
20. Durante todo o dia ... pudemos falar um com o outro.
21. Recebeu-me com atitude tão agressiva que ... pude acreditar.
22. Estes resultados ... se esquecem ... se invalidam facilmente.
23. ... sempre a grafia está de acordo com a boa pronúncia.
24. O doente ... come ... bebe.
25. ... tenho outro remédio ... resignar-me.
26. Levanta-te ... são horas!
27. Por fim, ... resignada ante o destino, veio transmitir-me a mensagem.
28. Tens de fazê-lo, ... queiras, ... não.

29. Eu não posso usar esta qualidade. – . . . eu
30. Eu não me deixo ofender; . . . por ti . . . por ninguém.
31. . . . se ouve . . . o mínimo ruído.
32. Onde estavas, . . . não te vi?
33. Quero terminá-lo, . . . tenha de trabalhar a noite inteira.
34. . . . tudo o que luz é ouro.
35. O ferido . . . sucumbira à dor.
36. Não fazes nada . . . dormir!
37. Podia até . . . estar em casa!
38. O árbitro . . . mostrou . . . um cartão amarelo ao desleal jogador.

XIV. A negação

200. Ninguém, nenhum, algum, já não, nunca mais, não ... mais e já não ... mais

Inserir a palavra conveniente, segundo a exigência da frase:

1. Creio que ... chove.
2. Obrigado. ... desejo ... nada.
3. Este princípio não está em causa em parte ...
4. Não quero que ... me mande.
5. ... acaba esta brincadeira?
6. Ele não poupa ...
7. Não sou ... ladrão!
8. Sei que ... posso readormecer.
9. ... quero ouvir falar ... nisto.
10. Não tive culpa ...
11. ... me conhece nesta cidade.
12. Ele ... tem idade para enfrentar essas coisas.
13. Se a incomodas ... cá volto.
14. O doente morreu, ... sofre ...
15. ... me chateie ...! *(chulo)*

XV. As interjeições, partículas de realce e palavras expletivas

201. Interjeições

Dar o significado das interjeições em itálico:

1. *Ó pá*, empresta-me cem paus!
2. *Ora*, não me maces com isso!
3. *Vá*, põe-te a andar!
4. *Abaixo* o tirano!
5. Fala mais baixo, *pá*, não quero sarilhos!
6. *Ó minha senhora*, não acredite no que lhe está a dizer.
7. *Anda*, está na hora!
8. Dá cá um fósforo, *pá*!
9. *Viva*, como está?
10. *Vá, anda*, diz-me cá como isso se passou!
11. *Vamos*, não façam isso!
12. *Vão lá*, rapazes, preparem-se para o jantar!
13. Que me diz a isto, *hem*?
14. *Caluda*!

202. As partículas de realce e palavras expletivas que, aí, cá, lá, não, nem, do, se, é (que), era, mas é

Inserir a partícula conveniente:

1. O senhor gosta da sua profissão? — ... gosto!
2. Tenho ... as minhas dúvidas.
3. Só eu ... entendo o que ele pensa.
4. Estou ... perdendo o meu tempo com você.
5. Ficar à espera que o tempo elimine as dificuldades ... não é solução.
6. Explica ... o que aconteceu!
7. Pobre ... rapaz!
8. Se queres ir, é ... contigo.
9. Qual ... foi o seu espanto!

10. Espere . . . um momento!
11. Conte-me . . ., o que . . . o senhor faz na vida?
12. Ela já não era capaz . . . de comer.
13. Nós vamos . . . de avião.
14. . . . não o faço!
15. Quantas vezes me . . . tenho lembrado de ti!
16. O grupo . . . já não voltará a ser o que era.
17. Eu queria . . . ir para casa.
18. Com certeza . . . ele virá.
19. Eu . . . não me meto nisso!
20. Ele é . . . um malandro.

XVI. Lexicografia e formação de palavras

203. Exercícios de vocabulário

Completar as frases seguintes:

1. A vespa é um ...
2. O oiro é um ...
3. O Algarve é uma ...
4. O Porto é uma ...
5. A Madeira é uma ...
6. O cavalo é um ...
7. O Tejo é um ...
8. A rosa é uma ...
9. A andorinha é um ...
10. A escultura é uma ...

204. Exercícios de vocabulário

Mencionar o adjectivo que corresponde aos substantivos seguintes:

a felicidade (feliz)	a ânsia	a honra
a maldade	a tradição	a maravilha
a revolução	a morte	a ciência
a raiva	a prosperidade	o gigante
a indústria	a noite	o início
o horror	a máquina	o estio *(lit.)*
a tribo	a rendibilidade	a habilidade

205. Exercícios sobre os antónimos

Substituir as palavras grifadas pelos seus antónimos:

1. O meu amigo tem um carro *grande*.
2. Fez-se um *longo* silêncio.

3. A mulher *afrouxou* o passo.
4. As janelas da casa estão *abertas*.
5. Parece-me um livro muito *bom*.
6. O director desta empresa é muito *velho*.
7. A sopa está *fria*.
8. A terceira lição é muito *fácil*.
9. Este aluno é *inteligente*.
10. É uma pessoa muito *agradável*.
11. Este país *exporta* muitos produtos industriais.
12. O *início* da conferência desiludiu-nos.
13. Minha irmã tem um carácter *alegre*.
14. O menino *calçou* os sapatos.
15. Esta estrada é *estreita*.

206. Exercícios sobre os sinónimos

Mencionar um sinónimo das palavras seguintes:

o estio *(lit.)*	o semblante *(lit.)*	a punição
o parecer	quebrar	o início
recordar	o leito *(lit.)*	sumir-se
gentil	o instante	cozer
duplicar	inquirir	injuriar
a dádiva	rogar	os gastos
remeter	o negociante	expressar
a raiva	a parecença	suceder

207. Formação de palavras

Completar as frases seguintes:

1. Aquele que toca violino é um ...
2. Aquele que escreve romances é um ...
3. Aquele que guia um automóvel é um ...
4. Aquele que toca guitarra é um ...
5. Aquele que toca piano é um ...
6. Aquele que escreve em jornais é um ...
7. Os adeptos do socialismo chamam-se ...
8. Aquela que canta o fado é uma ...
9. Aquele que toca harpa é um ...
10. Aquele que anda de bicicleta é um ...

208. Exercícios sobre os antónimos

Mencionar os antónimos das palavras seguintes:

regular	o progresso	remediável
embarcar	vivo	nascer
melhor	eficaz	a vantagem
oportuno	legível	obediente
normal	dependente	bonito

209. O verbo específico

Inserir o verbo apropriado:

1. Não tenho que te ... contas dos meus actos.
2. Durante certo tempo pareceu não ... solução possível.
3. Não quero ... em contradições.
4. A rapariga ... (*perfeito*) uma exclamação de alegria.
5. Palavra dada é palavra a ...
6. Esforçou-se por não ... má figura.
7. Responda-me francamente se posso ... alguma esperança.
8. Não se pode ... nenhuma conclusão exacta.
9. Eu tenho umas contas a ... com ele.
10. Decidimos então ... em prática o nosso plano.

210. Exercícios de vocabulário

Mencionar o substantivo que corresponde aos verbos seguintes:

sofrer (sofrimento)	começar	sair
entrar	correr	observar
entender	convidar	satisfazer
incomodar	cantar	brincar
responder	governar	proibir
pagar	gritar	defender
sorrir	nascer	prometer

211. Vozes imitativas

Inserir o verbo apropriado:

O burro (zurra, orneia)
O gato...
O cão...
O cavalo...
A vaca e o boi...
A galinha...
O tigre...
As aves...
A ovelha e o cordeiro...
A serpente...
As moedas...

O touro...
O pombo...
O leão...
O pato...
O porco...
Os insectos...
O galo...
O lobo...
A rã...
O chicote...
As balas...

212. Exercícios sobre os antónimos

Substituir as palavras grifadas pelos seus antónimos:

1. A situação parece agora mais *propícia*.
2. Grande parte do solo deste país é *fértil*.
3. Parece-nos uma sentença *justa*.
4. Porque não *vestes* o casaco?
5. Muitos automobilistas preferem guiar de *dia*.
6. A cozinha e o corredor estão *sujos*.
7. Bruscamente as cotações bolsistas *baixaram*.
8. É uma pessoa muito *avarenta*.
9. À primeira vista a questão parece *complicada*.
10. Os produtos desta fábrica são muito *caros*.

213. Exercícios de vocabulário

Mencionar o verbo que corresponde aos substantivos seguintes:

o pulo (pular)
o esquecimento
o sacrifício
a investigação
o hábito
o governo

a decisão
o trabalho
o veneno
a viagem
a resistência
o bombardeamento

o progresso
o risco
o conteúdo
a contribuição
a preocupação
a conclusão

o aproveitamento
a necessidade
a rendição
o casamento

a formação
o receio
o produto
a chegada

a actualização
a reacção
o conserto
o movimento

214. O verbo específico

Inserir o verbo apropriado:

1. As sereias de alarme aéreo começaram a ...
2. O seu rosto ... *(perfeito)* num largo sorriso.
3. O novo avião ... *(futuro)* em serviço dentro de algumas semanas.
4. O médico ... *(perfeito)* ao doente os primeiros socorros.
5. As palavras ... *(perfeito)* em ouvidos moucos.
6. Há dois anos foi ... *(particípio)* em vigor o novo regulamento de trânsito.
7. Foi com grande dificuldade que a rapariga ... *(perfeito)* as lágrimas.
8. Volveu o olhar, esforçando-se por ... o corpo imóvel.
9. Ouviram uma chave ... na fechadura e a porta abriu-se.
10. Já não ... a pena escrever a carta.

215. Exercícios de vocabulário

Mencionar o substantivo que corresponde aos adjectivos seguintes:

fraco (a fraqueza)
fantástico
sarcástico
alegre
erróneo
perplexo
poderoso
veloz
escuro
calamitoso
pequeno
insuficiente
rígido
audaz
válido

ingénuo
alto
pobre
bom
perigoso
activo
sensato
importante
certo
débil
desejável
desastroso
claro
áspero
amargo

possível
formoso
vergonhoso
influente
interessante
curioso
belo
fácil
consciente
independente
verdadeiro
espantoso
branco
pálido
delicioso

216. Formação de palavras

Formar diminutivos das palavras em itálico:

1. Nessa altura já eles terão tudo muito bem *preparado*.
2. Aqui mais não poderás ser do que um modesto *empregado* de banco.
3. Aos *poucos* o doente recuperou uma parte das forças.
4. Meu pai nasceu numa *aldeia* às margens do Tejo.
5. Quando ela corre quatro ou cinco *passos* fica logo cansada.
6. Querem saber o que aconteceu ao *homem*?
7. Já me esqueci de *tudo*.
8. Um *passeio* a pé pode fazer milagres.
9. A Isabel é uma *loira* adorável.
10. O António era um *rapaz* malcriado e atrevido. (*depreciativo*)

217. Exercícios sobre os nomes gentílicos

Dizer como se chamam os habitantes dos países seguintes:

o Japão	a Argentina	Portugal
a Alemanha	a Tunísia	a Holanda
a Áustria	a Jugoslávia	a China
o Congo	Java	o Canadá
o Estado de Israel	a Inglaterra	a Espanha
a Itália	o México	o Brasil

218. O verbo específico

Inserir o verbo apropriado:

1. O pobre diabo não tem onde ... morto.
2. O culpado foi ... (*particípio*) a dezasseis anos.
3. Estava na conveniência de todos não ... o sigilo.
4. O notário já teria ... (*particípio*) as assinaturas?
5. [Ela] ... (*perfeito*) as boas-noites mas ninguém lhas retribuiu.
6. Só estava preocupado em escapulir-se sem ... os dedos.
7. Todas as suspeitas continuam a ... sobre mim.
8. O meu amigo ... (*perfeito*) um desastre de automóvel.
9. O fim ... os meios. (*provérbio*)
10. Homem prevenido ... por dois. (*provérbio*)

219. Exercícios de vocabulário

Explicar a diferença entre as palavras seguintes:

1. acender — ascender
2. concertar — consertar
3. o chá — o xá
4. cem — sem
5. a taxa — a tacha
6. o acento — o assento
7. o censo — o senso
8. apreçar — apressar
9. cegar — segar
10. o paço — o passo
11. coser — cozer
12. a cela — a sela
13. cerrar — serrar
14. o concelho — o conselho

220. O verbo específico

Inserir o verbo apropriado:

1. Quer ... uma cerveja?
2. A atitude dela não me ... surpresa.
3. [Eu] ... *(perfeito)* grande parte da noite em claro.
4. Não quero ... esse exemplo.
5. [Nós] ... *(perfeito)* uma volta pela cidade.
6. No ano passado [eu] ... as férias na Madeira.
7. A ocasião ... o ladrão. *(provérbio)*
8. Dá-me licença que eu ... uma chamada?
9. Em quanto ... o quilo?
10. Este quarto ... para o jardim.
11. Meu avô ... duma perfeita saúde.
12. Este político virá a ... um grande estadista.
13. Tantas vezes ... o cântaro à fonte, que lá ... a asa. *(provérbio)*
14. Quando ... a altura ele aparecerá.
15. Olho do amo ... o cavalo. *(provérbio)*
16. Para já vou ... dez dias de férias.

221. Exercícios de vocabulário

Mencionar o substantivo que corresponde aos verbos seguintes:

advertir (advertência)	esforçar	prevenir
acontecer	surpreender	explicar
pensar	educar	opinar
tentar	julgar	estudar
afirmar	orar	atrever
existir	partir	compor
limpar	renovar	abundar
escassear	crescer	cumprir
criar	tripular	repudiar
relutar *(raro)*	subsidiar	mudar

222. Exercícios de vocabulário

Dizer o significado dos seguintes substantivos colectivos:

canzoada (ajuntamento de cães)	cardume	rancho
boiada	antologia	baixela
pomar	manada	alcateia
matilha	leva	malta
fauna	enxame	fato *(raro)*
	coro	flora

223. Formação de palavras

Inserir o aumentativo que convém:

1. Uma sorte muito grande é um ...
2. Um homem muito ingrato é um ...
3. Uma mulher muito ingrata é uma ...
4. Uma casa muito grande é um ...
5. Um homem muito grande é um ...
6. Um homem muito rico é um ... ou ...
7. Um homem muito feliz é um ...
8. Uma rapariga alta e robusta é uma ...
9. Uma mulher alta e corpulenta é uma ...
10. Um homem de meia-idade ou mais que ainda não casou é um ...

224. Exercícios sobre os antónimos

Mencionar os antónimos das palavras seguintes:

interno	legal	necessário
amor	homogéneo	sensível
apto	perto	perícia
lógico	orientar	aceitável
leal	lícito	interior
bravura	mortal	prudente

225. Exercícios sobre os sinónimos

Mencionar um sinónimo das palavras seguintes:

a prece	o ensejo	austral
copioso	o hebdomadário	horripilar
os arrabaldes	o antídoto	nocivo
ébrio	o isqueiro	poisar
algures *(lit.)*	alhures *(lit.)*	nenhures *(lit.)*

226. Exercícios de vocabulário

Inserir a palavra que convém:

1. Um médico que se dedica ao tratamento das doenças dentárias é um ...
2. Um médico que se dedica ao tratamento das doenças mentais é um ...
3. Um médico que se dedica ao tratamento das doenças de olhos é um ...
4. Um médico que se dedica ao tratamento das doenças de crianças é um ...
5. Um médico que se dedica ao tratamento das moléstias do sistema nervoso é um ...
6. Um médico que se dedica ao tratamento das doenças dos ouvidos, do nariz e da garganta é um ...
7. Um médico que se dedica ao tratamento das doenças peculiares às mulheres é um ...
8. A parte da medicina que trata das doenças dos velhos chama-se ...
9. A parte da medicina que trata da gravidez e do parto chama-se ...
10. A parte da medicina que trata das doenças da boca e dos dentes chama--se ...

227. Exercícios de vocabulário

Inserir o adjectivo que corresponde ao substantivo mencionado:

a religião	– a liberdade...
a agricultura	– máquinas...
o comércio	– a balança...
a economia	– a actividade...
a universidade	– o assistente...
a mente	– a preguiça...
o amigo	– um encontro...
a história	– uma tarefa...
a nação	– um movimento...
o governo	– o partido...
a explosão	– uma situação...
a Lua	– a superfície...
a inflação	– uma crise...
o Espaço	– o programa...
a afirmação	– uma resposta...

228. O verbo específico

Inserir o verbo apropriado:

1. O botão da campainha... *(imperfeito)* como ouro.
2. Quanto ganha, se não... mal perguntar?
3. Quando é que tu... *(futuro)* juízo?
4. Esta publicação veio... uma grande lacuna.
5. Não... para amanhã o que podes... hoje. *(provérbio)*
6. Cão que... não... *(provérbio)*
7. Cada qual... o seu semelhante.
8. Depois do jantar vou... de vestido.
9. Não posso... de braços cruzados.
10. Não quero... o risco de ser encontrado.

229. Exercícios de vocabulário

Inserir o adjectivo que corresponde ao substantivo mencionado:

a serpente	– um movimento...
o Domingo	– roupas...
a aduana	– os impostos...

o sangue — uma revolução...
a base — uma questão...
a metrópole — o comércio...
a teoria — um problema...
a natureza — calamidades...
a lisonja — uma observação...
a dor — um grito...
a estabilidade — uma moeda...
a lentidão — uma inteligência...
a solidão — uma vida...
o génio — uma solução...
a mediocridade — uma pessoa...

230. Exercícios de vocabulário

Explicar a diferença entre as palavras seguintes:

1. a atalaia — o atalaia
2. a espia — o espia
3. a capital — o capital
4. a cigarra — o cigarro
5. a banha — o banho
6. a cura — o cura
7. a polícia — o polícia
8. a lente — o lente
9. a cabeça — o cabeça
10. a caixa — o caixa
11. a janela — o janelo
12. a casaca — o casaco
13. a fada — o fado
14. a poça — o poço
15. a grama — o grama
16. a cisma — o cisma

231. Exercícios de vocabulário

Inserir a palavra apropriada:

1. Um testamento escrito pela mão do testador é um testamento...
2. Uma pessoa que fala muitas línguas é um...
3. Os animais que se alimentam principalmente de carne são...

4. As plantas que vivem na água são plantas ...
5. O primeiro filho do matrimónio chama-se o (filho) ...
6. A pessoa cujo poder não tem limites é ...
7. Uma palavra que tem mais de duas sílabas chama-se uma palavra ...
8. Uma carta que não foi assinada pelo seu autor é uma carta ...
9. Um território que se governa por si é um território ...
10. Aquele que matou seu pai ou sua mãe é um ...
11. Aquele que matou um ser humano é um ...
12. Aquele que matou a si próprio é um ...
13. Uma carta não autêntica chama-se também uma carta ...
14. Um produto que serve para matar insectos chama-se ...
15. Um produto que serve para matar bactérias chama-se ...

232. Exercícios de vocabulário

Inserir a palavra conveniente:

1. Um ... de sapatos.
2. Um ... de cerveja.
3. Uma ... de ladrões.
4. Um ... de flores.
5. Um ... de cigarros.
6. Um ... de vinho do Porto.
7. Uma ... de conservas.
8. Um ... de uvas.
9. Uma ... de champanhe.
10. Uma ... de salteadores.
11. Um ... de gado.
12. Um ... de chaves.
13. Um ... de crianças.
14. Uma ... de livros.

233. Formação de palavras

Indicar o nome do estabelecimento onde se fabrica, vende ou conserta:

pão (padaria)	chapéus	leite
sapatos	livros	objectos de oiro
tabaco	relógios	drogas
pastéis	papel e objectos de escritório	doces

234. Formação de palavras

Como se chama a pessoa que fabrica, vende, conserta ou distribui:

livros (livreiro)	sapatos	chapéus
pão	leite	peixe

relógios   drogas   cartas
pastéis   objectos de oiro   jóias

235. O verbo específico

Inserir o verbo apropriado:

1. Quem muito abraça pouco ... *(provérbio)*
2. O rapaz não ... *(perfeito)* atenção ao que lhe disseram.
3. O português é mais complicado do que à primeira vista ...
4. A sua palavra ... tanto como uma garantia escrita.
5. [Eu] ... *(perfeito)* o travão o mais que pude.
6. O homem ... *(perfeito)* um suspiro de alívio.
7. Temos ... *(particípio)* muita falta de você.
8. Todos na sala ... *(perfeito)* a respiração.
9. Subitamente, antes que eu tivesse tempo de ... fôlego, a porta abriu-se.
10. Uma grande calma ... -o *(perfeito)* nesse momento.
11. Levanto-me todos os dias às oito horas, ... sol ou ... chuva.
12. Precisa de estudar muito se tem de facto vontade de se ... em engenharia.
13. Não lhe ... lábia.
14. Não sabemos o que ... com ele.
15. Da calúnia sempre alguma coisa ...

236. Exercícios de vocabulário

Como se chama a pessoa que pratica a acção de:

pedir (pedinte)	pintar	ler
caçar	estudar	conduzir
fabricar	governar	escrever
conspirar	traduzir	proteger
inspeccionar	vencer	lutar
editar	vender	comprar
defender	inventar	troçar
cozinhar	testemunhar	dar
outorgar	promover	salvar
vigiar	esculpir	viajar

237. Provérbios

Explicar o significado dos provérbios seguintes:

1. A apressada pergunta, vagarosa resposta.
2. A cavalo dado não se olha o dente.
3. A ociosidade é a mãe de todos os vícios.
4. O casamento e a mortalha no Céu se talha.
5. Choupana onde se ri vale mais que palácio onde se chora.
6. Deus ajuda quem trabalha, que é o capital que menos falha.
7. Entre homem e mulher, não metas a colher.
8. Fazer bem a vilão ruim é lançar água em cesto roto.
9. Filho és, pai serás, assim como fizeres assim acharás.
10. Longe da vista, longe do coração.
11. Mais vale um pássaro na mão que dois a voar.
12. Não há fumo sem fogo.
13. Não contes os pintos senão depois de nascidos.
14. Na prisão e no hospital, vês quem te quer bem e quem te quer mal.
15. Nem tudo que luz é oiro, nem tudo que alveja é prata.
16. Não desejes mal a ninguém, que o teu mal pelo caminho vem.
17. Nem sempre aquele que dança é o que paga a música.
18. O bom vinho por si fala.
19. O hábito não faz o monge.
20. O sábio só deve ter a si por guardião do seu segredo.
21. De boas intenções está o Inferno cheio.
22. Os bolos não se comem uns aos outros.
23. Pecado confessado é meio perdoado.
24. Para grandes males, grandes remédios.
25. Quem nasceu para vintém nunca chega a pataco.
26. Quem não se aventurou, não perdeu nem ganhou.
27. Cada terra com seu uso, cada roca com seu fuso.
28. Falai no mau, aparelhai o pau.
29. Não há pior cego que aquele que não quer ver.

238. Exercícios sobre os nomes gentílicos

Formar gentílicos dos seguintes nomes geográficos:

Cabo Verde	Berlim-Oeste	Trás-os-Montes
Atenas	o Laos	Londres
Bordéus	Minas Gerais	a Beira

o Algarve	a Baía	os Açores
Leninegrado	o Paraná	o Minho
Santa Catarina	Paris	Viseu
Goiás	o Paraguai	Paraíba
a Hungria	a Bélgica	a Grécia
a Turquia	Lisboa	o Porto
a Coreia	Coimbra	a Sérvia

239. O verbo específico

Inserir o verbo apropriado:

1. Todos os cuidados serão ... *(particípio)* para ... ao mínimo o número de omissões.
2. Fechou a porta com cuidado para não ... ruído.
3. [Ela] ... *(perfeito)* os lábios para não reagir de acordo com o seu espanto.
4. Não me temo de ti, ... sabendo!
5. Seguiu-a sem ela ... por isso.
6. É tão fácil ... a culpa para cima dos outros!
7. A tua atitude ... por me arranjar um complexo.
8. Pela primeira vez [eu] ... *(perfeito)* firme no meu propósito.
9. Os rapazes ... *(perfeito)* sortes para ver quem seria o primeiro.
10. Sempre gostei de fazer tudo o que me ...

240. Exercícios sobre os nomes gentílicos

Formar gentílicios dos seguintes nomes geográficos:

a Índia	Luxemburgo	a Pérsia
Marrocos	a Rússia	a Suécia
o Peru	Valência	Madrid
Salamanca	a Polónia	Munique
a Baviera	a Suíça	a Bulgária
Viana do Castelo	Timor	Moçambique
o Tirol	Angola	Viena
a Saxónia	Sergipe	Roma
Nápoles	Guatemala	o Alentejo
a Venezuela	a Dinamarca	Veneza

241. Exercícios sobre os antónimos

Mencionar os antónimos das palavras seguintes:

construir	defender	sobrar
saber	politeísmo	o vespertino
agravante	a baixa-mar	antepor
persuadir	apreciar	dar
grosso	acre	permitir

242. Exercícios de vocabulário

Completar as frases seguintes:
1. Aquele que falha é um ...
2. Aquele que cometeu um crime é um ...
3. Aquele que se dedica à agricultura é um ...
4. Aquele que se dedica à ciência é um ...
5. Aquele que recebe um mandato chama-se ...
6. Aquele que tem a culpa é o ...
7. Aquele que dorme muito é um ...
8. Aquele que abandonou uma crença ou um partido chama-se um ...
9. Aquele que tem grande simpatia pelos Alemães é um ...; pelos Portugueses, um ...; pelos Brasileiros, um ...
10. Aquele que tem ódio aos Russos é um ...; aos Franceses, um ...; aos Italianos, um ...

243. Exercícios de vocabulário

Dizer como se chama a pessoa cuja profissão, ocupação ou paixão tem por objecto:

a medicina	a advocacia	a filologia
a sociologia	a demografia	a cirurgia
a teologia	os jardins	a costura
a guerra	a literatura	a polémica
a música	a arquitectura	a poesia
a economia	a moral	a pedagogia
a fotografia	o pugilato	a pesca
a propaganda	a esgrima	o futebol

244. O verbo específico

Inserir o verbo apropriado:

1. [Nós] ... hoje por aqui.
2. Os operários ... -se *(perfeito)* em greve.
3. [Eu] ... *(perfeito)* as botas e ... *(perfeito)* um impermeável.
4. Esta fábula ... a recompensa da gratidão.
5. [Ele] ... *(perfeito)* conhecimento com grande número de artistas.
6. A mentira ... *(perfeito)* o efeito desejado.
7. O telefone tocou e eu ...
8. Uma guerra brutal ... -se *(perfeito)* entre as duas forças.
9. Abriu a porta da entrada e ... a luz.
10. Luís foi o primeiro a ... aquele silêncio desagradável.

245. Formação de palavras

Como se chama a árvore, a planta ou o arbusto que produz:

a laranja	a banana	o limão
a azeitona	a pêra	o figo
o café	a noz	o damasco
o pêssego	a uva	a cereja
a maçã	o morango	a amêndoa
a ameixa	a framboesa	a groselha
o pêro	a avelã	a castanha

246. Exercícios de vocabulário

Explicar a diferença entre as palavras seguintes:

1. o fardo — a farda
2. o cargo — a carga
3. o prato — a prata
4. o arco — a arca
5. o barro — a barra
6. o colo — a cola
7. o luto — a luta
8. o queixo — a queixa
9. o parto — a parte
10. o partido — a partida

11. o carteiro   —   a carteira
12. o bolo   —   a bola
13. o escolho   —   a escolha
14. o meio   —   a meia

247. Formação de palavras

Como se chama a vasilha, o depósito ou recipiente em que se guarda ou põe:

o azeite	o açúcar	o vinagre
as flores	o café	a cinza
o leite	a pimenta	o sal
os cigarros	a sopa	a tinta

248. Exercícios de vocabulário

Inserir a palavra conveniente:

1. O ... serve para medir a temperatura.
2. O ... serve para medir a pressão atmosférica.
3. O ... serve para medir a humidade atmosférica.
4. O ... serve para observar os astros.
5. Os animais que se alimentam de insectos são ...
6. Os animais que se alimentam de ervas são ...
7. Os animais que se nutrem de peixes são ...
8. Aquele que fez um testamento é o ...
9. Aquele que herdou por testamento é o ...
10. Aquele que foi encarregado de fazer cumprir as disposições dum testamento é o ...

249. Exercícios sobre os sufixos

Explicar o significado das palavras seguintes:

a petizada	a saleta	o jornaleco
o mulherio	a casaria	a papelada
o criançola	o poetastro	o vulgacho
o casinholo	o empregadote	a punhalada
narigudo	a braçada	o gentio
o casebre	o livreco	a laranjada

o papelucho
o poetaço
a casinhola
a colherada
a populaça
barrigudo

a actrizeca
a facada
o rapazola
o braçado
o casinhoto
a pedrada

o rapazelho
o populacho
o punhado
a papelagem
a chicotada
o casario

250. O verbo específico

Inserir o verbo apropriado:

1. [Tu] já ... *(perfeito)* o pequeno almoço?
2. Ainda não é possível ... a conclusões definitivas.
3. As explicações dadas a este fenómeno ... quase todas nas mesmas causas.
4. Você ... outra cerveja, não é verdade?
5. Como tudo isto ... nojo!
6. Você ... -me cada partida!
7. É possível que me queira ... um favor qualquer.
8. Tal hipótese nada ... de inverosímil.
9. O meu tio ... *(perfeito)* em segundas núpcias.
10. As minhas palavras ... -no *(perfeito)* em cheio.
11. Não há nada que me ... melhor a sede que uma cerveja.
12. Não quero ... a responsabilidade do teu procedimento.
13. No processo ... *(perfeito)* duas testemunhas.
14. A pequenita ... *(perfeito)* as palmas de contente.
15. Aquele rapaz não ... para nada.

251. Formação de palavras

Como se chama um lugar plantado de:

laranjeiras
cafeeiros
bananeiras
cerejeiras
aveleiras

oliveiras
pereiras
videiras
amendoeiras
nogueiras

morangueiros
limoeiros
figueiras
ameixieiras
castanheiros

XVII. Idiotismos e locuções correntes, linguagem popular e calão

252. Idiotismos e locuções correntes

Explicar o significado das locuções grifadas:
1. O ladrão teve tempo de *se pôr ao fresco*.
2. O pobre homem nunca *passou da cepa torta*.
3. O rapaz defendeu-se *com unhas e dentes*.
4. A pobre mulher está a *tremer como varas verdes*.
5. Não é de crer que ele espere *de braços cruzados* a evolução dos acontecimentos.
6. O homenzinho *não se deu por achado*.
7. Parece que *se meteu em camisa de onze varas*.
8. Os rapazes *não deram o braço a torcer*.
9. O peão acaba de escapar *por uma unha negra*.
10. Acabei por *dar a mão à palmatória*.
11. Creio que está a *fazer ouvidos de mercador*.
12. Este comerciante *vai de vento em popa* nos negócios.
13. Aquele indivíduo *tem maus fígados*.
14. Esse assunto *não é da minha alçada*.
15. Aí é que *está o busílis*.

253. Linguagem popular e calão

Substituir as palavras e expressões grifadas pelas correspondentes da linguagem corrente:
1. Estou *farta* disto tudo até à raiz dos cabelos.
2. Ele não é *peco* nenhum.
3. O novo empregado tem muita *ralé* para o trabalho.
4. O velho gosta muito da *pinga*.
5. A última vez que fui até lá, *fiquei de cara à banda*.
6. Procuraram *pregar-me um mono*.

7. Sempre tive uma querença por este *mano*.
8. A minha mãe deu-me oitenta *paus*.
9. O *tipo* tem todo o aspecto de ser pessoa de influência.
10. Olha cá: estava alguma *gaja* com vocês?

254. Idiotismos e locuções correntes

Explicar o significado das locuções grifadas:

1. O polícia *apanhou* os ladrões *com a boca na botija*.
2. Já sabe que *não tenho papas na língua*.
3. Nunca tinha pensado que *voltasse com a palavra atrás*.
4. Aqui *estou como o peixe na água*.
5. Anda tão entusiasmado que é preciso *deitar água na fervura*.
6. O filho mais velho tomou *as rédeas* da empresa.
7. Parece-me que o senhor *anda metido em maus lençóis*.
8. É gente que não posso ver *nem pintada*.
9. Aquele pobre diabo *não tem onde cair morto*.
10. A rapariga *não cabe em si de contente*.
11. Quero o meu dinheirinho; *não posso viver da brisa*.
12. A notícia *caiu como uma bomba*.
13. Não permitirei que *façam dele gato-sapato*.
14. Moramos *paredes meias com eles*.

255. Linguagem popular e calão

Substituir as palavras e expressões grifadas pelas correspondentes da linguagem corrente:

1. Tenho asco aos *salamaleques*, confesso.
2. O *xui* foi dar com *a gente* e a *malta cavou*.
3. Não posso pagar a despesa; *estou sem cheta*.
4. *Dou o cavaquinho por* ouvir falar um brasileiro.
5. Não me fales nele; *tenho-o atravessado na garganta*.
6. Essa velha *fala as estopinhas*.
7. Esse mecânico *sabe da poda*.
8. Emprestas-me vinte *barrotes*?
9. Nos últimos tempos *ando com os nervos em franja*.
10. *É giro que se farta!*

256. Idiotismos e locuções correntes

Explicar o significado das locuções grifadas:

1. *Deram-lhe alta do hospital,* para que a irmã tomasse conta dele.
2. Nunca tive *bossa* para charadas.
3. Isso não me causa a menor *mossa*.
4. Podes acreditar-me; sei-o *de ciência certa*.
5. Por estar gravemente doente, *deram baixa* ao soldado.
6. Os dois inimigos não tardaram a *chegar a vias de facto*.
7. Ao avistarem o polícia, os rapazes *deram às de vila-diogo*.
8. Todos os alunos *sabiam* a lição *na ponta da língua*.
9. O que fez foi *arrombar uma porta aberta*!
10. Depois de quatro horas, os soldados *fizeram alto* por uns minutos.
11. *Perdi as estribeiras.* Disse-lhe tudo o que me veio à cabeça.
12. Creio que ela *tem uma aduela de menos*.
13. Não decido nunca antes de *consultar o travesseiro*.
14. A criancinha já *anda de gatinhas*.
15. Esta observação *não tem pés nem cabeça*.

257. Linguagem popular e calão

Substituir as palavras e expressões grifadas pelas correspondentes da linguagem corrente:

1. *Isso não pega!*
2. Ao ouvir a anedota, *riu-se à tripa-forra*.
3. Essa *tipa* é *tarada!*
4. Para o *gajo* o que conta é dinheiro.
5. Não vê que estou a fazer uma força *danada?*
6. A frase *queimou-o como ferro em brasa*.
7. O ladrão *surripiou* a carteira.
8. Isto *sabe que nem gaitas!*
9. A minha *patroa* disse-me para passar por cá.
10. Cala o *bico!*
11. Pedi uma *bica* para mim e um *garoto* para ela.
12. O ladrão *pirou-se* há quatro dias da cadeia.
13. Sempre és um grande *sacana*, deixa-me que te diga!
14. Deu-me *meio quilo* por aquele trabalho.
15. O impostor fugiu com toda a *massa*.

258. Idiotismos e locuções correntes

Explicar o significado das locuções grifadas:

1. A notícia *correu de boca em boca.*
2. O seu passatempo predilecto é *fazer castelos no ar.*
3. Parece-me que *tens cócegas na língua.*
4. Não se pode *viver ao deus-dará.*
5. Ao ouvir aquelas palavras, *caiu-lhe o coração aos pés.*
6. Aquele homem *tem cabelos no coração.*
7. Ao ver a pobre mulher, *tive um nó na garganta.*
8. O prisioneiro *largou-se* das mãos do polícia.
9. Não quero *ser o bode expiatório.*
10. Segue os meus conselhos *a torto e a direito.*
11. Não gosto de tipos que *comem a dois carrinhos.*
12. Esse assunto *tanto se me dá como se me deu.*
13. Creio que *dei uma cabeçada.*
14. O rapaz *falou com o coração nas mãos.*
15. Aquele estudante *anda* sempre *com a cabeça no ar.*

259. Linguagem popular e calão

Substituir as palavras e expressões grifadas pelas correspondentes da linguagem corrente:

1. *Essa não como eu!*
2. *Estou-me nas tintas para* a política.
3. Se voltar a incomodar-te, *manda-o à fava!*
4. Não se deixe levar pelas tentações da *pechincha!*
5. Procedeu como um *pacóvio.*
6. Aquele *gajo tem uma grande lata!*
7. Depois do *mata-bicho* comecei a sentir-me melhor.
8. Antes de mais nada vamos encher o *papo.*
9. *Vá pentear macacos!*
10. Parece que ela te agrada muito. – Acho-a *gira.*

260. Idiotismos e locuções correntes

Explicar o significado das locuções grifadas:

1. A minha família é *de meia-tigela*, não o escondo.
2. *Aqui é que a porca torce o rabo.*

3. Vou *pagar-lhe na mesma moeda*.
4. Agora, já *leva a palma a* qualquer de nós, embora seja o mais novo.
5. Já *levei muito pontapé*.
6. Espera um momento, *tenho a palavra debaixo da língua*.
7. O nosso filho *é um bom garfo*.
8. Logo que me viu, *deu aos calcanhares*.
9. Vendeu-me o carro *por tuta-e-meia*.
10. Nunca aceita conselhos de ninguém; *é muito senhor do seu nariz*.
11. Não é de admirar que ela *ande com a cabeça à roda*.
12. Espero que penses bem na proposta, já sabes: *é pegar ou largar*.
13. Mentiu tanto que acabou por *meter os pés pelas mãos*.
14. Não gosto de *pescar em águas turvas*.
15. Aquela história *cheira a chamusco*.

261. Linguagem popular e calão

Substituir as palavras e expressões grifadas pelas correspondentes da linguagem corrente:

1. Não me importo com as suas *galgas*.
2. Cuidado com aquele homem; é um *alho*!
3. *Não te faças alonso*, compreendes muito bem o que quero dizer.
4. Ouvi dizer que ele comprou aquela casa; deve ter muito *caroço*.
5. Traga-me um *galão* e um pãozinho com manteiga, se faz favor.
6. *Diabos me levem se* não tem razão!
7. Por um instante julguei que era uma *pilhéria*.
8. Não se emenda o *raio* do rapaz!
9. *Macacos me mordam se* estou a entender o que diz.
10. É filha de um *manga de alpaca*.
11. Isso é *canja*!
12. Espero-te *às quatro e pico* no escritório.
13. Não tenho confiança em *fabianos* da sua *marca*, ouviu?
14. Parece-me que anda metido numa grande *enrascada*.
15. Sofro um bocado de insónia, de maneira que prefiro um *garoto claro* a um *garoto escuro*.
16. Isto será uma maneira nova de *engatar*?
17. Está a *mangar* comigo?

262. Idiotismos e locuções correntes

Explicar o significado das locuções grifadas:

1. Conheço-o como *a palma da mão*.
2. Isso é outra *cantiga*!
3. Que rico *sarilho* que eu arranjei!
4. Por ela *ponho as mãos no fogo*.
5. Contigo é tudo *punhos de renda*.
6. Antes de mais nada quero pôr esta questão *em pratos limpos*.
7. Queria ultrapassá-lo *a todo o transe*.
8. O novo empregado *lambe os pés* do (ou: ao) director.
9. Fiz tudo *numa volta de mão*.
10. Creio que *está nas suas sete quintas*.
11. Devemos *apanhar a ocasião pelos cabelos*.
12. Ele *disse cobras e lagartos* de mim.
13. Contou-me tudo *de fio a pavio*.
14. Passo dias inteiros sem falar. É de ficar *chalado*.
15. Um resultado tão bom não se obtém *do pé para a mão*.
16. Não admira que *esteja de maré*.
17. Nunca *mexe uma palha em nada*.
18. Creio que *perdeste as passadas*.
19. Eu cá, nestas coisas, *não estou com rodeios*.
20. É o que se diz *à boca pequena*.

XVIII. O Português do Brasil

263. Ortografia e acentuação

Adaptar as palavras seguintes à ortografia preferida no Brasil:

1. Económico, tónico, cómodo, o fenómeno, António, o ténis, polémico, o prémio, o convénio, académico.
2. Aguentar, arguir, a ambiguidade, o pinguim, frequentemente, o sequestrado.
3. Eloquente, o delinquente, cinquenta, a liquidação, a tranquilidade, quinquenal.
4. A acção, a reacção, coleccionar, a protecção, a ficção.
5. A fractura, a estenodactilógrafa, a actividade, o contacto, o actor, actual.
6. Eléctrico, a perspectiva, o espectador, o aspecto, o espectro, a directriz, o objectivo, o sector, arquitectónico, o insecto, o director.
7. O nené, o bebé, o judo, os Balcãs, o íman, o Islão, Amsterdão.
8. O baptismo, óptimo, o optimismo, corrupto, o súbdito, connosco, a omnipotência, a indemnização, comummente, ruimmente.
9. A humidade, a Jugoslávia, o baton, a lotaria, dezasseis, dezassete, dezanove.
10. O voo, o Sara, registar, loiro, o toiro, a ideia, a odisseia, europeia.

264. Vocabulário brasileiro em frases

Dar o equivalente lusitano das palavras grifadas:

1. Onde está sua *carteira de motorista*?
2. O *garçom* serviu o café.
3. Tomei o primeiro *trem* para a cidade.
4. Tomarei o primeiro *ônibus* para aí.
5. *Cadê* (ou *quedê* ou *quede*) meus óculos? (*pop.*)
6. O carro *freou* e parou.
7. Ele trajou *terno* azul escuro e gravata branca.
8. Cobra uma diária de cem cruzeiros por pessoa, inclusive *café de* (ou *da*) *manhã*.

9. Tomei um *chope* antes de vir.
10. A *plataforma* da estação estava quase deserta.
11. Espero que não *banque* mais a criança.
12. Mora num apartamento caro, de cinco *peças*.
13. Estava no quarto com a *vitrola* tocando muito alto.
14. Passavam *bondes* apinhados de gente.
15. Não faça perguntas *bobas*!

265. Vocabulário brasileiro

Mencionar os equivalentes lusitanos das palavras seguintes:

o dormitório
a cadeira de balanço
a carteira/cédula de identidade
a usina
a comissária/aeromoça
a estação da estrada de ferro
a xícara
o comerciário
o carro-esporte
o pedestre
o Ministério da Fazenda
o balconista
o jornaleiro
a delegacia (de polícia)
a rodovia
o Ministério das Relações Exteriores
o empregador
a roupa de banho, o maiô
o Ministério dos Negócios Interiores
o policial
a autopista
a charutaria
o cachorro
o bancário
o cartão postal
o abacaxi

266. Morfologia

a) Pôr as palavras seguintes no plural:

líquen, hífen, abdômen, regímen.

b) Conjugar os verbos seguintes nos presentes do indicativo e do subjuntivo:

sentenciar, comerciar, negociar, apoiar, aguar, minguar, apropinquar, argüir, delinqüir, mobiliar, apiedar-se.

267. Colocação do pronome pessoal

Colocar os pronomes de acordo com as regras gramaticais lusitanas:

1. Seu rosto se iluminou.
2. Quer me prestar um serviço?
3. O trem se põe em movimento.
4. Ela se lembrou do meu aniversário.
5. Seu tio veio lhe trazer um presente.
6. Você o viu por aí?
7. Só me resta lhe desejar boa sorte.
8. Não pode me perdoar?
9. Ele prometeu me ajudar.
10. Esse vestido preto lhe fica muito bem.

268. Vocabulário brasileiro em frases

Dar o equivalente lusitano das palavras em itálico:

1. *Pelo jeito*, é um *moço* esperto.
2. Vamos parar com os *xingamentos* e pensar em coisas mais práticas.
3. Não há outro *jeito*.
4. Toda a gente *caçoa* de mim por causa do senhor.
5. Você é *moça* demais para *bancar* a solteirona.
6. O volume das vendas *a varejo* é mais lento há um ano.
7. *Puxa*, você fez isso bem depressa!
8. Quem é este *pirracento*?
9. Uma *cachacinha* de vez em quando não faz mal a ninguém.
10. Vocês afinal não são *moleques*.
11. Eu estava apenas *batendo papo. (pop.)*
12. *Deram um dedo de prosa* sobre outros assuntos.
13. A conversa girava em torno do assunto de *colar* nos exames.
14. *Botou* o braço para fora da janela e gritou-lhe um bom dia.
15. Foi ao telefone e *discou* um número.
16. Hoje foi um dia *puxado*.
17. O *cardápio* vem em português e inglês.
18. *Mamãe* organizou uma festinha de aniversário para vinte *pirralhos*.
19. Todas as manhãs comprou um jornal na *banca*.
20. Juntos tomaram o *metrô* para o centro da cidade.

269. Substituição dos pronomes o(s), a(s) por ele(s), ela(s)

Adaptar as frases seguintes às regras gramaticais lusitanas:

1. Ninguém entende ele.[1])
2. O senhor tem que ver ela pessoalmente.
3. É melhor deitar ela um pouco.
4. Mamãe sempre defende ele.
5. Os outros é que não compreendem ela.
6. Botei ele na cama e dei-lhe um calmante.

270. Sintaxe brasileira

Pôr as frases seguintes em harmonia com as regras lusitanas da sintaxe:

1. Pegou o fone e discou para o quarto cento e dez.
2. Não compro mais esta casa, pronto!
3. Que língua você fala?
4. Tocou a campainha apenas acabou de proferir estas palavras.
5. Não tem perigo.
6. Ele me chamou de camponês analfabeto.
7. Se eu fiz alguma coisa de mal, diga logo.
8. A pergunta o[2]) deixou confuso.
9. Acabara[3]) de publicar um romance.
10. Haviam se[4]) sentado em torno a uma mesa.
11. Ainda acabo perdendo a paciência.
12. Preciso muito falar com você.
13. É a senhora[5]), mamãe?
14. Tem tanta maldade no mundo.
15. Não podia esperar até chegar em casa?

271. Vocabulário brasileiro

Mencionar os equivalentes lusitanos das palavras seguintes:

o (comerciante) atacadista   o (comerciante) varejista
a babá   a preferencial

---

[1]) Esta construção, comuníssima na língua falada, é rara na língua escrita.
[2]) Língua escrita; na língua falada se diz: *a pergunta deixou ele confuso*.
[3]) Língua escrita; na língua falada se usa *tinha acabado*.
[4]) Língua escrita; na língua falada se diz: *eles se tinham sentado*.
[5]) Em geral os filhos tratam os pais por *você*.

a garçonete
o camundongo
a placa de licença *(carro)*
telefone no. . . ., ramal . . .
a perambeira
o estafeta
o empório
o capim
a mexerica
a roça
a xixica *(pop.)*
destratar
a embroma

o delegado (de polícia)
o talão de infração
o objeto (in)direto
o concreto armado
a onça
mirim
machucar
a broma
a jamanta
o fuzuê
a média
o muque *(gíria)*
o xerimbabo

272. Vocabulário brasileiro em frases

Dar o equivalente lusitano das palavras em itálico:

1. Ele é *bamba* em matemática. *(pop.)*
2. Desculpe-nos a *caceteação*.
3. O animado *bate-papo* foi interrompido por um silêncio apreensivo. *(pop.)*
4. O filme vai ser um sucesso de *bilheteria*.
5. O *caminhão* rola pela estrada.
6. Meu vizinho às vezes me dá *carona* até à cidade.
7. *De que jeito* arranjou isso?
8. O filme foi um verdadeiro *abacaxi*[1]). *(pop.)*
9. Eu não quero *de jeito nenhum*.
10. Como é que *papai* permitiu que chegássemos a este ponto?
11. Está na hora da *bóia*. *(pop.)*
12. Você quer *postar* esta carta para mim?
13. O público *xingou* o *juiz*. *(futebol)*
14. O revisor *picotou* os bilhetes dos passageiros.
15. Ele mora *na beirada* de São Paulo.
16. É possível que *botem* a culpa *em/para* mim.
17. A enorme surpresa *banzou* o rapaz.

---

[1]) Também: um verdadeiro *xarope* (= menos freqüente).

273. Colocação do pronome pessoal

Colocar os pronomes de acordo com as regras gramaticais lusitanas:

1. Ele me ajudou a subir.
2. Você se engana.
3. Vocês pensam que podem me enganar?
4. Não quero me arriscar.
5. Estão sempre me vigiando.
6. Vamos nos sentar um pouco para descansar.
7. Ele está me confundindo com alguém.
8. O que é que você queria me dizer?
9. Os seus passos se tornavam mais pesados.
10. Os capangas do chefe político o temiam.
11. O estômago me dói de novo.
12. Ele lhe contou que voltava para sua terra.
13. Eu a vi não faz muito tempo com o marido.
14. Nós nos veremos mais tarde.

274. Sintaxe brasileira

Pôr as frases seguintes em harmonia com as regras lusitanas da sintaxe:

1. O método começou a virar moda.
2. Camponês acorda cedo.
3. Botou em minha mão uma revista brasileira.
4. Você está compreendendo[1]), mamãe?
5. Eu não ia ter sossego o resto da vida.
6. Quando descobrir, eu lhe[2]) digo.
7. Por que está fazendo isso?
8. Eis o que estamos fazendo e por quê.
9. Não vamos pedir nada a eles[3]).
10. Estou com pena dela.
11. Meu[4]) diretor está de férias.
12. O número de empregos exigindo uma educação de nível ginasial tende a crescer consideravelmente.

[1]) A construção *estar* + *a* + *infinitivo* é usada exclusivamente na língua escrita.
[2]) Os brasileiros evitam combinações de pronomes oblíquos.
[3]) Os brasileiros evitam o pronome *lhe(s)* quando este se refere a *ele(s)* ou *ela(s)*.
[4]) É facultativo o uso do artigo definido em combinação com um pronome possessivo.

13. Ele chorou feito uma criança. *(pop.)*
14. Onde você esteve ontem de noite?
15. Não me chame de senhor!
16. A autoridade não tem mais nenhum crédito.
17. Mulher é assim mesmo.

275. Vocabulário brasileiro em frases

Dar o equivalente lusitano das palavras grifadas:

1. Muito *bacana* o seu plano! *(pop.)*
2. Não quero *bagunça* no meu quarto. *(gíria)*
3. O *caçula* está com dezoito anos.
4. A *garoa* lhe pingava dos cabelos.
5. Desta vez vai ser *moleza*. *(pop.)*
6. Cale a boca, não me *amole*!
7. Te despacha, *guri*! Não entope o corredor!
8. O *trem* chiou nos *trilhos*.
9. Olhe aqui estão umas *balas* que eu trouxe para você.
10. Está achando a festa *cacete*?

276. Sintaxe brasileira

Pôr as frases seguintes em harmonia com as regras lusitanas da sintaxe:

1. Cadê tua[1]) mãe?
2. Sua[2]) paciência cedo se esgotou.
3. É o livro pior[3]) impresso que já vi.
4. É a moça melhor[3]) dotada da turma.
5. Não pinte esse rosto que eu gosto. *(Dorival Caymmi)*
6. O presidente é odiado[4]) pelo povo.
7. A senhorita[5]) não tem o jornal de hoje?

[1]) Os possessivos *teu(s)* e *tua(s)* continuam sendo usados, em escala limitada.
[2]) Os possessivos *seu(s)* e *sua(s)* se usam na língua falada só no vocativo, como sinônimos de *de você, do senhor, da senhora*, etc. Em outros casos se usam *dele(s)* e *dela(s)*. Na língua escrita, porém, os possessivos *seu(s)* e *sua(s)* são também usados com o significado de *dele(s)* e *dela(s)*.
[3]) A construção lusitana é também usada.
[4]) Os brasileiros usam freqüentemente a voz passiva onde os portugueses preferem a voz ativa.
[5]) No vocativo se usa em geral *a senhora*.

8. Ele é tão estúpido quanto[1]) ela.
9. Quando chegamos na cidade, vimos a torre da igreja.
10. Hei de dizer tudo isto a ela.
11. Tem dias que não falo com ninguém.
12. João sentia que falava feito um policial. *(pop.)*
13. Debrucei-me na janela.
14. Estava com as mãos frias.
15. Você não vai, por quê?
16. Você não se enganou não[2])?

277. Substituição dos pronomes o(s), a(s) por ele(s), ela(s)

Pôr as frases seguintes em harmonia com as regras gramaticais lusitanas:

1. Eu posso ver ele?
2. Que foi que levou você a isso?
3. Só porque não quero ele em minha casa?
4. Não deixou ele entrar?
5. Ficou apavorado quando viu ele, reparou?
6. O melhor é deixar ela em paz.
7. Eu mesmo ouvi ela dizer que ia sair.

278. Vocabulário brasileiro

Mencionar o equivalente lusitano das palavras seguintes:

o engraxate *(pop.)*
a caxumba
de meia cara *(pop.)*
o vira-lata
o pito
paulificar
paulificante
a munhata
a gaita *(gíria)*
o muxoxo

o bate-boca *(pop.)*
o tamanduá
o vaga-lume *(gíria, Rio)*
a piteira
o banzé *(pop.)*
virar bicho
o tocaio/xará
(o) azarado
a bagana *(pop.)*
o coió *(gíria)*

---

[1]) Língua escrita; na língua falada, porém, se usa *tão ... como*.
[2]) É freqüente na linguagem corrente a repetição do advérbio *não*.

279. Colocação do pronome pessoal

Colocar os pronomes de acordo com as regras gramaticais lusitanas:
1. A coisa se há de fazer de outro modo.
2. Ele[1]) me olhou completamente estupefato.
3. Estás[2]) me censurando?
4. Você[3]) já está de novo se queixando?
5. Você não perde o mau costume de andar me espionando?
6. Tu[2]) me deixa em paz!
7. Me[4]) pediu que te[2]) chamasse.
8. Me[5]) deixem falar!
9. Me[5]) larga[6]), você está me machucando.
10. Nós nos despedimos.

280. Estrangeirismos correntes no português do Brasil

Substituir os estrangeirismos seguintes por termos portugueses vernáculos:

a nuança, nuance	um buquê de flores
o estoque *(comércio)*	o basquetebol
o dossiê	a vitrina
o chofer	o breque
o goleiro *(futebol)*	a boate
o costume *(roupa)*	o complô
flertar	o fuaiê
o flerte	relaxar
um drinque	o platô
o time *(futebol)*	o escore *(futebol)*

[1]) Os brasileiros usam os pronomes retos com maior freqüência do que os portugueses.
[2]) No Sul e no Norte do Brasil o pronome *tu* (com as formas verbais correspondentes) é usado entre membros de família e bons amigos; no resto do Brasil às vezes para exprimir desprezo.
[3]) *Você* é o pronome de tratamento mais usado, que se usa entre membros de família, amigos, colegas, conhecidos e iguais; também de pais para filhos, de filhos para pais, e para crianças.
[4]) Melhor: *Ele me pediu* ...; na língua escrita também: *pediu-me* ...
[5]) Colocação usual em frases imperativas na língua falada; melhor: *deixem-me falar!*
[6]) Na língua falada se usa às vezes a forma singular do imperativo (que corresponde a *tu*), tanto afirmativa como negativamente, em vez da terceira pessoa singular do subjuntivo. Exemplos: *me larga, não me larga,* melhor: *largue-me, não me largue*.

281. Colocação do pronome pessoal

Colocar os pronomes de acordo com as regras gramaticais lusitanas:

1. Não está me reconhecendo?
2. Quer me fazer um favor?
3. Você não vai se arrepender.
4. Você sabe me dizer a hora exata?
5. Se tivesse me ouvido, nada disto teria acontecido.
6. Não quer se sentar?
7. Não estou me sentindo bem, papai.
8. Vamos lhe dar uma oportunidade.
9. Você se mata trabalhando.
10. Ainda sei me defender.
11. Não posso me esquecer dela.
12. Você quer me dizer o que aconteceu?
13. Não quero me meter em encrencas.
14. Ele se chama José.

282. Vocabulário brasileiro

Explicar o significado das palavras seguintes:

o biscate *(pop.)*
o biscateiro, biscateador
o lanche
o babaça
o balaieiro
a lorota *(pop.)*
o caipira
o candomblé
a macumba
xangô
o carioca
o fluminense
o paulista

a untanha
um artista mambembe
o churrasco
balear
o pirajá
o manda-chuva *(pop.)*
o samba
a urucaca *(gíria)*
a favela
o candango
o capixaba
o mineiro
o paulistano

283. Expressões idiomáticas e gíria

Explicar o significado das expressões e palavras grifadas:

1. Que *amigo da onça* é você!
2. Isso são *outros quinhentos*.
3. Ele *está nas toeiras*. *(São Paulo)*
4. Ele *levou bomba* em história.
5. Isto é caro *para chuchu*. *(pop.)*[1]
6. A moça *deu o fora no* namorado. *(pop.)*
7. A moça é *gamada pelo* homem. *(gíria)*
8. Meu amigo *está na pinda(íba)*. *(pop.)*
9. O Antônio é sabido *à beça*. *(pop.)*
10. O velho *está na chuva*. *(pop.)*
11. Ela *deu a lata no* namorado. *(pop.)*
12. Acho melhor eu *dar o fora* daqui, e depressa! *(pop.)*
13. *Você é tira?* – indagou ela. *(gíria)*
14. O funcionário era *vidrado na* colega, lindinha de morrer. *(gíria)*
15. Eu acabei *quebrando este galho*. *(gíria)*

284. Vocabulário brasileiro em frases

Dar o equivalente lusitano das palavras grifadas:

1. É uma das *moças* encarregadas da cobrança do *pedágio*.
2. *Todo mundo* já sabe dessa história, de tanto ouvir você contar.
3. Às vezes ele vinha *bater um papo*. *(pop.)*
4. Ficou irritado com as *fofocas* contra a sua pessoa. *(pop.)*
5. Você é um *cara* de sorte. *(pop.)*
6. Quarta-feira é o dia que o *prefeito* dedica ao povo.
7. Não sei se o senhor *topa* *(gíria)*
8. Caminha na direção da *parada* de bonde.
9. Entrou no *banheiro* e postou-se debaixo do *chuveiro*.
10. Percebi que tinha mexido num ninho de *marimbondos*.
11. Se você fizer uma *besteira* dessas eu nunca mais falo com você.
12. Sua eleição seria uma *barbada*. *(gíria)*
13. Acho que peguei um *resfriado*.
14. Vários rapazes compravam *ingressos* por 20 cruzeiros para vendê-los por 30.

[1] *Chuchu*, na gíria brasileira, significa também *mulher bonita*.

15. Precisamos *bolar* um jeito de sair desta. *(pop.)*
16. Se todo mundo chamasse o médico por qualquer *bobagem*, ele não ia ter tempo para mais nada.

285. Sintaxe brasileira

Pôr as frases seguintes em harmonia com as regras lusitanas da sintaxe:

1. Não pode ser não, aqui não tem lugar não.
2. Atravessou a sala correndo e ganhou a escada.
3. Agora, tal política não mais se justifica.
4. Não diga besteiras: você sabe que eu te amo[1]).
5. Juquita, que você está fazendo?
6. Gostaria de ser tão otimista quanto você.
7. Olhe, dificuldade eu ainda não encontrei não.
8. Ela virá? Tomara que venha!
9. Ele não ia nos fazer uma coisa dessas.
10. Minha paciência está se esgotando.
11. Preciso me atualizar.
12. Acho que mamãe está me chamando.
13. Que é que você está escondendo?
14. Os outros chamavam ele de Salvador.
15. Olha para o lampião com olhos entrecerrados.

286. Substituição dos pronomes o(s), a(s) por ele(s), ela(s)

Pôr as frases seguintes em harmonia com as regras gramaticais lusitanas:

1. Quando tiraram ela de dentro da piscina já tinha se afogado.
2. Tomara que não botem eles na cadeia.
3. Não cheguei a conhecer ela ... só pelos retratos.
4. Eu vi ela botando uma coisa no meu mingau.
5. Faz muitos dias que eu não vejo ele.
6. Fingi que não tinha visto eles e fiz meia volta.
7. Estou esperando ele também.
8. Faça ele parar de me olhar assim!
9. Ele não mandava dinheiro e então eu xinguei ele.
10. Os amigos seguraram ele.

[1]) O emprego do pronome *te* em combinação com *você* está generalizado na linguagem brasileira.

287. Vocabulário brasileiro em frases

Dar o equivalente lusitano das palavras em itálico:

1. O preço foi sensivelmente *majorado*.
2. Uma das *camareiras* do hotel entra no aposento.
3. Não me venha com *potocas*!
4. Se depender da *torcida*, o Brasil será campeão.
5. Não tenho sorvetes porque o refrigerador *pifou*. *(pop.)*
6. Vamos andando, *pessoal*! *(pop.)*
7. Trabalha como *motorneiro de bonde*.
8. *Papagaio*! O calor está de matar. *(pop.)*
9. Se ele pensa que pode me *tapear*, engana-se. *(pop.)*
10. Engoliu essas palavras com um sorvo quente de *chimarrão*.
11. Isso é que é usar a *cuca*! *(gíria)*
12. Ficou sentado naquela cadeira, *pitando* o seu *crioulo*.
13. Têm agora a oportunidade de se livrar de todos esses *abacaxis* de uma vez. *(gíria)*
14. As praias de Copacabana são as mais *badaladas* do Rio de Janeiro.
15. Bebeu umas *biritas* para distrair a cabeça. *(pop.)*
16. O Brasil, comparado com as outras nações, é um país *moço*.
17. Esqueceu a carteira no bolso de outro *paletó*.
18. Tem um apartamento de dois cômodos num *sobrado*.
19. Estacionou o carro junto à *calçada*.
20. Essa pessoa não tem *gabarito* para comprar em nossa loja.
21. Parou num *botequim* para *fazer uma boquinha*.
22. Cortaram a retirada dos dois *maloqueiros*.
23. Os *urubus* voavam sobre o cadáver.
24. Na *afobação* mencionei logo o *sobrenome* dele.

288. Colocação do pronome pessoal

Colocar os pronomes de acordo com a sintaxe da língua falada brasileira:

1. Dê-me um beijo!
2. Vamos preparar-nos para jantar.
3. Espero que você não se tenha precipitado.
4. Vim fazer-lhe uma visita.
5. [Eu] não quis magoar-te.
6. Espere-me daqui a três quartos de hora.
7. Escondi-me atrás do tronco de uma árvore.

8. Pela última vez... dá-me o dinheiro!
9. Os seus olhares encontraram-se.
10. Não se tente meter na minha vida.
11. Vocês não me querem mostrar a cidade?
12. Que bom que você me veio visitar.
13. Não te posso obrigar.
14. Se não cessarem essas manifestações, [eu] negar-me-ei a falar.
15. Custou-me um dinheirão.
16. Você poderá perdoar-me?

289. Expressões idiomáticas e gíria

Explicar o significado das expressões e palavras grifadas:

1. Não me venha com *nhenhenhém*. *(pop.)*
2. Acho que está na hora de eu *dar o pira*. *(gíria)*
3. Não vai ser *sopa* escalar esta montanha. *(pop.)*
4. Eu disse «olá» e o *moço deu no pé*. *(gíria)*
5. Agora *entrei pelo cano*.
6. Olhe bem, *amizade*. *(pop.)*
7. É um mistério *dos seiscentos diabos*. *(pop.)*
8. Só começam a *ficar com a pulga atrás da orelha* dois dias depois.
9. Pode ser que a dona da casa *dê o estrilo*.
10. O homem *é tarado pela* moça. *(gíria)*
11. O *tutu* da herança desapareceu. *(gíria)*
12. Acho-me ainda *na estaca zero*. *(pop.)*
13. Cada um *safou a onça* como lhe foi possível.
14. Não repare, mas *estou num porre* medonho. *(gíria)*
15. Já tive muito *grilo* com meus pais. *(gíria)*
16. Venha cá, *meu nego*. *(pop.)*
17. A Joana é um *pirão*. Que beleza! *(gíria)*